Ralph Waldo Trine

SONNE IM ALLTAG

D1704685

RALPH WALDO TRINE

SONNE IM ALLTAG

Wegweisungen
zu positiver Lebensführung

Herausgegeben
von
K. O. Schmidt

DREI EICHEN VERLAG
München 60 + Engelberg/Schweiz

CIP-Kurztitelaufnahme der Deutschen Bibliothek

Trine, Ralph Waldo:
Sonne im Alltag: Wegweisungen
zu positiver Lebensführung/
Ralph Waldo Trine.
Hrsg. von K. O. Schmidt.
9. Aufl. — München; Engelberg/Schweiz:
Drei-Eichen-Verlag, 1984.
ISBN 3-7699-0429-X

ISBN 3-7699-0429-X

Verlagsnummer 429

© 1968 by Drei Eichen Verlag
Manuel Kissener, 8000 München 60 + 6390 Engelberg/Schweiz

9. DEV-Auflage 1984
Aufgrund der vergriffenen Lebensbücher von R. W. Trine mit freundlicher Genehmigung des
Engelhorn-Verlags, Stuttgart, herausgegeben.
Gesamtherstellung: Isar-Post Druck- und Verlagsgesellschaft mbH, Landshut

Inhaltsübersicht

Ralph Waldo Trine als Lebenslehrer

„Jede große Idee, die als Evangelium in die Welt tritt, ist den pedantischen Geistern ein Ärgernis und den Viel- und Leichtgebildeten eine Torheit", sagt *Goethe*. Denn sie ist, wie *Humboldt* ergänzt, „nur dem inneren Blick erkennbar" und wird darum anfangs nur von einer Minderheit erfaßt und genützt, die mit *Fichte* erkannt hat, daß „die Idee, wo sie zum Leben durchdringt, eine unermeßliche Kraft und Stärke gibt" und geahnte Vollkommenheiten in Wirklichkeiten verwandeln hilft.

... Erst nach einem mehr oder minder großen Zeitraum tritt die Idee aus dem Stadium der Einzelverwirklichung in das der allgemeinen Anerkennung und Realisierung und beginnt dann eine Kettenreaktion verwandter Ideen und Tat-Impulse zur Auslösung zu bringen.

Die positive Idee der *Lebensbemeisterung von innen her* – durch bewußte Betätigung der Macht der Gedanken und der Dynamik des Glaubens – wurde vor über einem Jahrhundert in den Herzen einiger großer Männer geboren und fand zunächst manche Ablehnung und einzelne Bekenner. In die zweite Phase ihrer allgemeinen Durchsetzung und Verwirklichung trat sie erst vor wenigen Jahrzehnten – und ihre eigentliche Blütezeit liegt noch in der Zukunft.

Über ein Jahrhundert ist es her, seitdem der größte Denker Amerikas, Ralph Waldo *Emerson* (1803–1882), die geistige Erneuerungsbewegung des Transzendentalismus begründete – eine Parallelbewegung zum Deutschen Idealismus eines Fichte, Goethe, Schelling, Kant und Schiller, jedoch ganz lebenspraktisch gerichtet und von einem zukunftgläubigen Real-Optimismus getragen.

Um jene Zeit, als diese Bewegung entstand, wurde Ralph Waldo *Trine* geboren – 1866 –, der sich in der Folgezeit zu ihrem populärsten Künder und Lehrer entwickelte.

Daß gerade Trine* durch seine in alle Kultursprachen übersetzten und zu Millionen verbreiteten Lebensbücher unzähligen Menschen half, durch Entfaltung der in ihnen angelegten positiven schöpferischen Kräfte ihr Leben gesund, reich und glücklich zu gestalten, rührt, wie das „Philosophen-Lexikon" (v. Ziegenfuß-Jung, Bd. II) hervorhebt, daher, daß „Trine sich zur Aufgabe machte, *die Gesetze der inneren geistigen Kräfte so einfach zu fassen, daß jedes Kind sie begreifen, jeder Erwachsene sein tägliches Leben danach bilden kann.*"

Daß diese neue Idee auch bei uns, im deutschen Sprachbereich, einen ständig wachsenden Freundeskreis gewann, ist vornehmlich dem Übersetzer der Trineschen Lebensbücher, Max *Christlieb* (1862–1914), zu danken, der als evangelischer Pfarrer in Baden und Tokio, später als Bibliothekar in Marburg und an der Berliner Universität wirkte und sich als Übersetzer und Förderer der Werke von Trine, Marden und Leavitt bleibende Verdienste erwarb. Er bejahte die dem Geiste Emersons entsprungene positive Verbindung von Idealismus und Realismus zu einem neuen

---

* sprich Trein

dynamischen Real-Idealismus als Kennzeichen der Trine-schen Lebenslehre:

„Unbekümmert um alle literarischen, philosophischen und religiösen Traditionen geht er vom Einfachsten und Nächstliegenden aus, um von dort aus zu den höchsten Höhen des Gedankens zu klimmen ... Im Munde T r i n e s nehmen die einfachsten Wahrheiten eine ganz neue reale Bedeutung an: daß der Geist auf den Körper wirkt, daß Gedanken Kräfte sind, führt er so drastisch aus, daß der Gegensatz von Materialismus und Idealismus völlig überwunden ist; und alles ist darauf angelegt, den Menschen nicht nur körperlich gesund, stark und leistungsfähig, sondern auch geistig klar und sittlich groß zu machen. Trine ist überzeugt, daß diesen ‚neuen Gedanken‘ die Zukunft gehört.“

Heute stehen wir in der zweiten Phase der Ausbreitung und Verwirklichung der neuen Gedanken. Und da dürfte es an der Zeit sein, Trine im heutigen Schrifttum über positive Lebensgestaltung einen Ehrenplatz einzuräumen.

Dies geschieht in der vorliegenden erweiterten Ausgabe des Trine-Breviers, das bisher schon über eine Viertelmillion Leser fand. Erfreulicherweise, denn was nützen die schönsten Ideen, wenn sie nicht zu lebendiger Wirksamkeit gebracht, in *Taten* verwandelt werden. Erst wer gelernt hat, *richtig zu denken und recht zu leben,* erfährt und weiß, daß der Gedanke die mächtigste Kraft ist, durch deren rechte Anwendung er sich selbst und sein Leben von Grund auf zu durchlichten, zu erneuern und auch seinen Mitwanderern auf dem Wege zur Wahrheit zur Entfaltung schlummernder seelisch-geistiger Kräfte und damit zu innerem und äußerem Wachstum und Aufstieg zu verhelfen vermag.

Für alle, die noch nicht um diese Kräfte und Möglichkeiten

wissen, ist *Trine* der berufene Höhenweiser, und zwar bis hinauf zu den Gipfeln geistig-religiöser Wirklichkeits-Erfahrung. Denn das Christentum, zu dem Trine sich bekennt, ist praktisches *Tat*-Christentum – und zugleich jenes johanneische vergeistigte Christentum, das der Mystik nahesteht und gegenüber allen Glaubensformen und Religionen duldsam ist, weil es – *im Geiste der Einheit* – den Blick auf das Gemeinsame und Verbindende richtet, sich nicht um theologische Haarspaltereien kümmert, sondern auf unmittelbarer praktischer Erfahrung und von jedermann erlangbarer Gewißheit gründet.

Gerade diese Gewißheit steter Gegenwart der göttlichen Wesenheit und Kraft im Seeleninnersten ist es, die die Meisterung des Lebens von innen her gewährleistet.

Wer um die innere Kraft, das innere Licht, die göttliche Sonne im Seelengrund weiß, der strahlt Licht und Liebe aus und empfängt im Wege der Rückstrahlung von überall Freude und Förderung. Er sieht sich m i t t e n   i m   A l l t a g in einer Welt ewigen Wachstums und fortschreitender Selbstvollendung und Selbstverwirklichung. Er weiß sich geleitet vom unendlichen Geist des Lebens – dem unausschöpfbaren Quell aller Kraft, Gesundheit und Harmonie, Weisheit und Freude.

Möge diese Kraft die Herzen aller erfüllen, entflammen und lichtwärts leiten, die Trines Worte in ihrem Denken und Leben zu ihrem eigenen Segen befolgen!

K. O. Schmidt

DIE KARDINALFRAGE
DES LEBENS

Keine Fragen werden wohl häufiger von Menschen gestellt als diese:

Welchen Sinn hat mein Dasein? Lebe ich richtig? Was kann ich tun, daß mein Leben seine reifsten und reichsten Früchte bringt? Wie kann ich geistig und körperlich zum Gipfel meiner Leistungsfähigkeit gelangen und mich dort halten? Wie gewinne ich wahre und bleibende Größe? Wie erreiche ich es, daß mein ganzes Leben mit Freude und Zufriedenheit, Frieden und Glück erfüllt wird?

Selbst Menschen, die äußerlich die größten Erfolge errungen haben, entdecken irgendwann plötzlich ihr Unbefriedigt- und Unerfülltsein und legen sich Fragen vor, an die sie vorher nie dachten:

Warum peinigt mich trotz Reichtums und gesicherter Stellung ein Gefühl des Mangels? Warum fühle ich mich auf der Höhe meines Lebens halb gebrochen, als hätte ich das Beste schon hinter mir? Warum habe ich keinen vollen Genuß von all den Dingen, um die ich so unablässig gekämpft und gearbeitet habe und die mir jetzt zur Verfügung stehen? Habe ich mich verrechnet? Habe ich etwas übersehen? Habe ich einen falschen Weg eingeschlagen?

Auf diese brennenden Fragen wollen wir die Antwort suchen, sie sorgfältig prüfen, ob sie immer und überall standhält, und, wenn sie sich bewährt, uns freuen, daß wir sie gefunden haben, sie festhalten, nach ihr *leben* und sie auch anderen mitteilen.

Die Grundwahrheit

Was ist eigentlich absolut gewiß und sicher? Im Grunde nur das *Leben.*

Wir können also nur vom *Leben* ausgehen als von etwas, was wir nicht bloß aus Überlieferungen oder vom Hörensagen, sondern aus eigener Erfahrung kennen. Und wir lassen dabei nur unsere Vernunft Führerin sein und lassen uns nur vom inneren Licht erleuchten.

Und so fragen wir weiter: *Was ist Leben?* und finden die Antwort: Leben ist *Sein.* Das Sein ist die Grundlage, von der wir ausgehen. Dieses Sein erkennen wir als *eines:* da es die Quelle allen Lebens ist, gibt es in Wahrheit nur *ein* Leben, nur *ein* unendliches Sein. Und dieses unendliche Sein ist im Grunde zugleich das, was wir mit dem Wort „*Gott*" benennen, wobei jeder hier den Ausdruck wählen mag, der ihm am meisten zusagt.

Gott ist also das unendliche Sein: der *Geist des Lebens,* der alles, was da ist, mit sich selber erfüllt, so daß alles er selbst ist, weil er selbst alles ist. Damit berühren wir die große Grundwahrheit des Lebens und den Sinn unseres Daseins: *Wir müssen mitten im Leben zu lebendiger Erkenntnis unserer Einheit mit dem hinter allem stehenden Geist des Lebens gelangen und seiner Gegenwart in uns völlig bewußt werden und bleiben.*

12

In dem Maße, in dem wir dies tun, werden wir aus bloßen Sinnenmenschen zu Geistmenschen. Im gleichen Maße werden wir durch das Aktivwerden unserer bisher schlummernden geistigen Anlagen und schöpferischen Kräfte zu wirklicher Daseinsmeisterung und Sinnerfüllung unseres Lebens gelangen.

So gesehen, *haben* wir nicht Leben, sondern wir *sind* das Leben – Leben, das sich als Dasein in der Form zeigt, die wir mit dem Wort „Leib" bezeichnen. Wie das unendliche Sein oder Leben, also Gott, das Leben in allem Dasein ist, so sind wir in Wirklichkeit Teil dieses unendlichen Seins oder Gottes und mit ihm eins. Damit meine ich nicht den äußeren Menschen, den Leib, sondern den inneren, das wirkliche *Selbst,* das sich im Leib verkörpert hat.

In Wahrheit kann es kein Leben geben, das nicht mit dem Leben Gottes eins wäre. Dem Wesen nach ist das Leben des Menschen und das Leben Gottes *eins:* sie unterscheiden sich nicht der Art, sondern nur dem Grade nach. Es ist also wirklich so: „In Ihm leben, weben und sind wir." (Apostelgeschichte 17, 28).

Wie aber kommt es dann, so höre ich fragen, daß der Mensch von Schranken umgeben ist, daß er von Furcht und Sorgen getrieben wird, Irrtümern und Übeln ausgesetzt und Opfer von Krankheiten und Leiden ist?

Dafür gibt es einen triftigen Grund: Der Mensch lebt – außer in seltenen Augenblicken inneren Wachseins und erhöhter Bewußtheit – nicht in der bewußten Erkenntnis seines wahren Wesens und seines göttlichen Selbstes. Darum sieht er nicht, daß die Mängel und Übel keine wesenhafte Wirklichkeit an sich haben, sondern nur Folgen der Nichterkenntnis und der unbewußten Verkehrung des Guten sind und durch Erkenntnis der Wirklichkeit und Bejahung und Betätigung des Guten zum Verschwinden gebracht werden.

Wir müssen uns darum zuerst und vor allem innerlich bewußt werden, wer und was wir sind; sonst können sich die göttlichen Kräfte und Eigenschaften unseres Wesens, unseres Selbstes, nicht offenbaren und ihre Macht erweisen. Wir müssen *richtig denken lernen;* denn das Ewige und Wirkliche kann nur im Denken ergriffen werden; rechtes Denken allein setzt uns in den Stand, das Göttliche als den eigentlichen Geist und das Wesen unseres Lebens zu begreifen, unsere Einheit mit ihm zu verwirklichen, in dieser Einheit zu leben und so das göttliche Wort in uns Fleisch werden und sich offenbaren zu lassen, wie es sich in Jesus offenbart hat.

Rechtes Denken trägt in sich die Kraft der Wiedergeburt. Es macht uns wach für die immerwährende Gegenwart des Reiches Gottes in uns und fähig zur Erfahrung und Verwirklichung unserer Gotteskindschaft.

Die meisten Menschen sind noch nicht wach in diesem Sinne; nur hier und da finden wir Einzelne, die teilweise erwacht sind. Die meisten von uns leben ein Leben, das diesen Namen nicht verdient, wenn man es vergleicht mit dem, das wir leben könnten und das leicht zu erlangen wäre, wenn wir einmal lernen, die große Wahrheit, daß unser Leben seinem Wesen nach göttlich ist, richtig denkend für uns fruchtbar zu machen und alsdann beständig in diesem Bewußtsein zu leben.

Kraft von innen

Mit den meisten Menschen steht es so: sie kennen sich selbst, das heißt ihr wahres göttliches Selbst, nicht und wissen darum nichts von den Kräften und Möglichkeiten, die in ihnen schlummern. Ihre Seele gleicht einem Gefangenen: ihr körpergebundenes Ich hindert sie, mehr als einen schwachen Schimmer des Lichtes zu erblicken ...

... Aber der Tag kommt, an dem immer mehr Menschen innerlich wach werden. Dann glänzt das innere Licht in ihnen auf, sie erhaschen zuerst einen flüchtigen Blick in ihr wahres Wesen; nach und nach aber weitet sich die innere Sicht, und so geht ihnen allmählich das Licht der Wahrheit auf, daß sie mit dem unendlichen Leben und der unendlichen Macht innerlich *eins* sind: es erleuchtet ihre ganze Seele, bis sie erstaunt und ergriffen ausrufen: „O Gott, ich bin eins mit Dir!"

Erfüllt und hingerissen von diesem neuen Bewußtsein, halten sie den Gedanken der *Einheit* fest; und indem sie fortwährend in diesem Gewißsein leben, fließt ihr Leben von da an in beständiger Verwirklichung ihrer Einheit mit dem Göttlichen dahin. So wird „der erste Mensch, der von der Erde und irdisch ist", also der äußere Mensch, verwandelt in den inneren, den „anderen Menschen, der der Herr vom Himmel ist." (1. Korinther 15, 47)

Verglichen mit dem *neuen Leben*, das der Mensch von da an führt, verdient das alte Leben der Nichterkenntnis mit der Begrenztheit, die aus ihr entsprang, ihn aber nun nicht mehr zu fesseln vermag, nur den Namen *Tod*. In gewissem Sinne war er für das wirkliche Leben tot gewesen; und erst von dem, der in bewußter Einheit mit dem Geist des Lebens lebt, kann man sagen, daß er zum wirklichen, ewigen Leben erwacht und auferstanden ist.

„Ich bin dein eigen Selbst!" – das sind die Worte, die der Geist des Lebens durch die innere Stimme ständig jeder Menschenseele zuruft. Wer sie hören will, der kann sie hören und dadurch in die Fülle des Lebens eingehen.

Die Theologen und Schriftgelehrten sprechen zwar vom *„Sündenfall"* des Menschen. Aber etwas, das vernünftigerweise so genannt werden könnte, ist nur dadurch entstanden, daß der Mensch sich vom inneren Licht abwandte und entfernte und ganz in der äußeren Sinnenwelt aufging. Daß wir unser Leben in Gedanke und Tat aus der Einheit mit dem göttlichen Leben herauslösten, darin besteht der „Sündenfall". Die Lehre hingegen, die nicht von Jesus, sondern von Theologen ausging und den Menschen als einen elenden Erdenwurm und armen Sünder hinstellt, ist ebenso abwegig und falsch wie leidbringend.

In Wahrheit ist der Mensch göttlichen Wesens, ein Teil oder Funke des unendlichen Gottes, und darum seinem Wesen nach *gut*. Nur wenn er seine bewußte Einheit mit Gott löst, treten Zwiespalt und Zweifel, Verzweiflung und Irrtum, Krankheit und Not in sein Leben ein ...

Einmal in langen Zeiträumen kommt ein Mann in die Welt, der von Anfang an sein Leben nicht von dem des Geistes des Lebens getrennt hat, sondern beständig aus dem *Geiste der Einheit* lebt. Indem er der Welt die große Wahrheit der Gotteinheit allen Lebens von neuem verkündet und die Taten vollbringt, die dieses Einssein begleiten, wird er ein Weltheiland. Ein solcher war *Jesus;* dadurch, daß er die Einheit mit Gott vollkommen verwirklichte, wurde er der

Christus und der Führer für alle zur gleichen Verwirklichung ihres Einsseins mit Gott.

Aber nur, wenn der Mensch sich des *Christus in ihm* bewußt wird und seine Einheit mit dem Geist des Lebens verwirklicht, wird diese Wahrheit zur ordnenden Macht in allen Dingen seines täglichen Lebens. Dann weiß er um das Größte, das wir kennen, um die Wahrheit:
Wir sind unserer wahren und wesenhaften Natur nach eins mit dem unendlichen Leben und der unendlichen Macht; und wenn wir diese lebendige Einheit bewußt verwirklichen und darin beharren, werden die Eigenschaften und Kräfte des göttlichen Lebens in dem Maße, als die Einheit wirklich zustande kommt, offenbar und durch uns wirksam.

Erst diese Erfahrung erfüllt des Menschen Herz mit wahrer Freude, unzerstörbarem Frieden und ewiger Seligkeit; und eben dies ist das Finden des „Reiches Gottes": wenn wir es gefunden haben und aus ihm leben, wird uns alles übrige von selbst zuteil.

Der bekannte Physiologe und Philosoph *William James* hat eindeutig klargestellt, daß wir durch den Körper und seine Sinne aufs engste mit unserer *physischen Umwelt* verbunden sind, ebenso aber durch unsere seelischen Kräfte und Sinne, die wir bisher erst zum kleinsten Teile entfaltet haben, in engem Zusammenhang stehen mit jener *unendlichen Kraft*, die lebenspendend und erhaltend alle materiellen Daseinsformen beherrscht.

Praktisch haben die in uns angelegten positiven schicksalgestaltenden seelisch-geistigen Kräfte und Fähigkeiten aber nur soweit Wert, als wir ihrer bewußt werden, sie entfalten und recht betätigen. Alle Entwicklung muß von innen her geschehen. *In uns* liegt die Kraft und die Möglichkeit, alles zu werden und zu erreichen, was wir ersehnen. Wir müssen nur, wie der große Pädagoge Friedrich *Fröbel* sagt, unsere Bestimmung erkennen und erfüllen – nämlich „unser Wesen und damit unser Göttliches und so das Göttliche an sich uns zum völligen Bewußtsein, zur lebendigen Erkenntnis, zur klaren Einsicht bringen und entwickelnd darstellen."

Hier haben wir nicht nur eine Grundlage für alle wahre Erziehung, sondern auch für alle wahre Philosophie und Religion. Ja, es könnte keine Höherentwicklung geben, läge nicht der Keim alles dessen, das werden soll, schon in der Seele des Menschen eingeschlossen.

Sich der höheren Führung des Selbstes hinzugeben, die darauf abzielt, die schöpferische Kraft Gottes aufzunehmen und wieder auszuströmen, das ist die wahre Quelle aller Weisheit und Macht. Das meint *Emersons* Wort: „Jede Seele ist nicht nur der Eingang, sondern sie kann auch der Ausgang alles Göttlichen sein." Halte diesen Eingang offen, daß das Göttliche ungehindert einströmen und in der Seele Wohnung nehmen kann. Das ist das Geheimnis aller Höherentwicklung und Vollendung.

DER WEG UND DIE MITTEL

Es gibt einen einfachen Weg, auf dem wir mit Sicherheit zu der Verwirklichung gelangen, von der hier die Rede ist. Der Weg ist folgender: Wo Du auch bist und was Du auch tust, wenn Du auf der Straße gehst oder bei der Arbeit bist, im Einschlafen oder im Erwachen begriffen, wenn Du irgendein Unternehmen beginnst und im Zweifel über die einzuschlagende Richtung bist, kurz: immer und überall halte den Gedanken fest: *„Gott, der Unendliche Geist des Guten, ist es, der in mir und durch mich wirkt!"*

Dies ist der Gedanke, der Jesus ständig erfüllte, ihn, der wohl am vollkommensten die Einheit seines Lebens mit dem göttlichen Leben erreicht hat. Jesus sprach vom „Vater"; andere werden der gleichen Wahrheit einen anderen Ausdruck geben, aber das gleiche meinen: Der unendliche Geist des Lebens, der hinter allem steht, in allem und durch alles wirkt, das Leben und die Kraft in allem – Gott – wirkt in mir, und ich wirke das, wozu Er mich führt und stärkt!

Auf diesem Wege öffnen wir uns mehr und mehr für das göttliche Leben und die unendliche Macht, die immer bereit ist, uns zu leiten und durch uns zu wirken, wenn wir uns nur so verhalten, daß sie in uns und durch uns wirken kann.

Wenn wir diesen Gedanken festhalten, uns bewußt in dieser Verfassung erhalten und diese Wahrheit von Zeit zu Zeit in Worten bejahen, wird er uns allmählich zur Gewohnheit – bis wir schließlich unbewußt in ihm verharren. Alsdann wird Gott als lenkende und bewegende Macht in unserem Leben wirksam.

Die lebendige Gegenwart Gottes wird dann zur Wirklichkeit, und alle Weisheit und Macht wird uns zuteil mit der Fähigkeit, sie richtig und segenbringend anzuwenden.

Schöpferkraft der Gedanken

Die zweite große Wahrheit, die der Menschheit heute mehr und mehr zum Bewußtsein kommt, ist die, *daß der Geist alles ist und daß wir das werden, was wir denken.*

Eines der grundlegenden Gesetze des Lebens besagt: Erst ein *Gedanke,* dann eine *Handlung* und zuletzt eine *Gewohnheit.* Was einer sich in seiner Gedankenwelt lebendig vorstellt, das verwirklicht sich früher oder später in seinem Leben. Das Leben folgt unabänderlich dem Denken; beide verhalten sich zueinander wie Ursache und Wirkung.

Es ist zweifellos besser und auch ehrlicher, wenn wir uns überzeugen, daß *wir* es sind, die unser Schicksal gestalten und bestimmen, und wenn wir dann diese Überzeugung tapfer in die Tat umsetzen, als wenn wir ein unbekanntes Etwas anklagen und zum Sündenbock machen, das wir „*Schicksal*" nennen. Nicht bloß Dichtung, sondern einfache Wahrheit ist es, wenn Schiller sagt: „In deiner Brust sind deines Schicksals Sterne"; denn alles Leben entfaltet sich von innen nach außen, nicht umgekehrt.

Unsere Gedanken sind die Kräfte, die unseren Charakter und unseren Lebensweg bestimmen. Gleiches baut Gleiches auf und zieht Gleiches herbei. Kraftvolle Gedanken bauen Kraft von innen auf und ziehen Kraft von außen an, wie schwächliche Gedanken von innen her schwächen und von außen Schwäche anziehen. Mut gebiert Kraft, Furcht Ohnmacht, und so gibt Mut Erfolg und Furcht Mißerfolg.

Unsere Gedanken und Gefühle sind die stillen feinen Kräfte, die sich fortwährend in ähnlichen Formen in die sichtbare Welt umsetzen. Jede Vorstellung strebt danach, Wirklichkeit zu werden. Darum ist unser Leben immer so, wie unsere vorherrschenden Gedanken sind.

Wenn nun der Gedanke die stille Werdekraft ist, die als wirkende Ursache unser Leben gestaltet, dann können wir *den* weise nennen, der diese Kraft vernünftig benützt, um auf die Dinge des täglichen Lebens positiv einzuwirken. Er beherrscht auf diese Weise die Umstände, statt, wie es so oft geht, ihr Sklave zu werden.

Heute lernen unzählige Menschen diese wichtige Tatsache und die Gesetze des rechten Wirkens vom Geiste her kennen und gelangen dadurch zu einem neuen Leben. Furcht und Sorge mit ihren niederdrückenden und kraftraubenden Wirkungen verschwinden aus ihrem Dasein, und an deren Stelle treten Vertrauen, Hoffnung und Mut mit dem Ergebnis, daß sie immer zielbewußter und zuversichtlicher vorwärtsgehen.

Bei genauer Betrachtung stoßen wir immer wieder auf den gleichen Verlauf: Am Anfang jeder Handlung steht ein Gedanke, ihm folgt die Tat. Durch Wiederholung der Handlung bildet sich mit der Zeit eine Gewohnheit, und die Summe dieser Gewohnheiten prägt sich in der Haltung des Geistes aus und bewirkt nach dem Gesetz der Anziehung des Gleichen, daß sich Denkrichtung und Lebensrichtung laufend entsprechen.

Wenn wir wissen, was wir werden oder erreichen wollen, und dieses Ziel unerschütterlich in unseren Gedanken festhalten und an unseren Sieg glauben, das heißt, unsere schöpferischen Innenkräfte niemals von Zweifel und Furcht lähmen lassen, sondern statt dessen die Zeit nützen, unsere Gedankenkräfte wie in einem Brennspiegel auf unser Ziel zu konzentrieren, werden wir früher oder später die Verwirklichung dessen erreichen, was wir solcherart bejahen.

Man kann hier mit Recht von einer *„Wissenschaft rechten Denkens"* sprechen, die uns hilft, unsere Lebensumstände allmählich so zu gestalten, wie wir sie haben wollen. Sie lehrt uns, daß im gleichen Verhältnis, wie wir unsere Gedankenkräfte bewußt anwenden, unsere Fähigkeit zunimmt, sie erfolgbringend einzusetzen. Alle Kraft wächst durch Übung, oder anders gesagt: stete Übung mehrt unsere Kraft.

Die Verwirklichungstendenz und -kraft der Gedanken ist wissenschaftlich begründet und tausendfach erprobt. Wir wissen heute um die ständigen Wechselwirkungen zwischen Bewußtsein und Unbewußtem, und wir ahnen, welche gewaltigen Kräfte wir in uns tragen. Wir wissen weiter, daß im Weltall wie im Erdenleben alles gesetzmäßig vor sich geht, daß das Grundgesetz von Ursache und Wirkung überall gültig ist, ebenso wie das andere Gesetz: *Erst innen, dann außen.* Wir wissen, daß unsere Gedanken die feinen, aber mächtigen Kräfte sind, die unsichtbar in die sichtbare Welt hinauswirken und das ihnen Gemäße anziehen. Sie sind es, die unser Schicksal gestalten, und sie können das Steuer sein, durch dessen rechte Lenkung wir unser Schicksal bestimmen.

Darum hat *Emerson* recht, wenn er sagt: „Große Menschen sind diejenigen, die erkennen, daß das Geistige stärker ist als alles Materielle, daß Gedanken die Welt beherrschen." Wenn wir die inneren Quellen des Lebens recht erkennen und uns dienen lassen, folgen die materiellen Dinge des Daseins nicht nur von selbst in gesunder natürlicher Folge, sondern auch im rechten Verhältnis. Das meint Jesus mit der Mahnung: „Trachtet am ersten nach dem Reiche Gottes und seiner Gerechtigkeit, dann wird euch alles übrige von selbst zufallen."

Beherrschung der Gedanken

Hier ergibt sich naturgemäß die Frage: *Haben wir die Macht und die Möglichkeit, die Richtung unserer Gedanken zu bestimmen!*

Viele sagen, sie könnten das nicht. Und doch ist es eine Tatsache, daß wir die Gedanken wählen und bestimmen, die in unserem Geiste weilen und Wurzel schlagen, und daß wir, um unsere Gedanken zu beherrschen, neue Denkgewohnheiten schaffen müssen.

Nach dem Gesetz der Gedankenverwirklichung erreicht jeder Gedanke, wenn wir ihn lange genug in unserem Geiste beherbergen, schließlich die „motorischen Bahnen" des Gehirns, d. h. jene, von denen die Antriebe zum Handeln ausgehen, so daß der Gedanke schließlich zur Tat wird.

Hier gilt das gleiche Gesetz der Wiederholung wie bei der Übung der Muskeln: Wenn wir etwas auf eine bestimmte Weise tun, geht es bei der Wiederholung schon etwas leichter, und das nächste Mal noch leichter, bis wir schließlich keine Anstrengung mehr brauchen: es tut sich dann sozusagen von selbst, und es würde uns alsdann eher Anstrengung kosten, es anders zu machen.

Wir haben hier in einer Nußschale das ganze Verfahren, daß wir zur Gedankenlenkung und -beherrschung benötigen, zur Gewohnheitsformung und Charakterbildung:

Wenn wir unsere Gedanken beherrschen und etwa eine schlechte Gewohnheit brechen wollen, tun wir das nicht dadurch, daß wir den Gedanken daran aus unserem Bewußtsein hinausdrängen und fernhalten, was Mühe macht und selten gelingt, sondern vielmehr dadurch, daß wir an die Stelle des unerwünschten Gedankens den entgegengesetzten positiven Gedanken setzen und im Geiste festhalten und bejahen.

Da wir immer nur *einen* Gedanken zur Zeit im Blickfeld des Bewußtseins haben und halten können, verdrängt der von uns bewußt festgehaltene und bejahte positive Gedanke den unerwünschten negativen, der nun von selbst ins Dunkel der Unbewußtheit zurücksinkt und immer blasser, schwächer und schließlich wirkungslos wird.

Crane sagt in seinem Buch über richtiges Denken treffend: „Die Änderung des Charakters und bestimmter Gewohnheiten geschieht nicht durch heftige Abwehr, sondern einfach dergestalt, daß man aufhört, gewisse Gedanken zu hegen und Dinge zu tun, und anfängt, andere Gedanken zu hegen und andere Dinge zu tun. Sowie man andere Gedankenbahnen einschlägt, folgen andere Gewohnheiten und Taten von selbst. Der Dieb, der nicht mehr ans Stehlen denkt, ist kein Dieb mehr; seine Gedanken hatten ihn zum Dieb gemacht; und nur wenn er wieder zu den alten Gedanken zurückkehrt, wird er wieder ein Dieb. Wenn der Mensch aufhört, negative, schlechte, ungute Gedanken zu hegen, können schlechte Gewohnheiten und ungute Taten nicht mehr aufkommen."

Jede Gewohnheit ist Folge und Frucht lange gehegter Gedanken, und ebenso jedes Geschehen, das wir als „Schicksal" – im guten oder schlechten Sinne des Wortes – empfinden und werten. Im Grunde gibt es kein Schicksal in dem Sinne, als ob bestimmte Fehlhaltungen und Ereignisse von vornherein festgelegt oder von außen an uns herangebracht sind. *Vielmehr bestimmen wir unser Schicksal selbst durch die Gedanken, die wir in uns stark und herrschend werden lassen.*

Es liegt somit in der Hand jedes Menschen, ob er Herr oder Sklave der Umstände sein will. Wenn er die rechte Denkrichtung einschlägt und Kraft zum Durchhalten und zugleich frohen Mut hat, kann er jedes vernünftige Ziel erreichen.

Emerson sagt: „Der Schlüssel zu jedem Menschen ist sein Denken. Sein Lebenslauf folgt einem Steuer: dem Ideal, auf dessen Verwirklichung alle seine Gedanken und Handlungen abzielen."

Am Beginn wie am Grunde jedes Fortschritts oder Rückschlags und alles dessen, was im Menschenleben wünschenswert ist oder nicht, finden wir bestimmte Gedanken. Wohl dem, der das erkennt und sich entscheidet, nur noch positiven Gedanken in sich Raum zu geben. Denn damit beginnt für ihn ein neues Leben der Freude und Kraft, der Bejahung und des Glücks, der Gesundheit und des Erfolgs.

Gesundheit und Harmonie

Das gleiche Gesetz der Gedankenverwirklichung herrscht auch im Bereich des *Körpers*, und die Art seiner Befolgung entscheidet über unser Gesund- oder Kranksein.

Gesundheit ist der Zustand, der unserem Wesen und unserer Bestimmung entspricht, weshalb es nicht schwer sein sollte, diesen Zustand aufrechtzuerhalten. *Krankheit* hingegen ist stets die Folge davon, daß wir oder andere um uns die Gesetze unseres Wesens oder die des Lebens verletzt haben; ob absichtlich oder unbewußt, macht für das Ergebnis keinen Unterschied.

Bekanntlich geschehen Aufbau und Unterhaltung des Körpers wie seine Heilung durch die Arbeit der unbewußten inneren Lebenskräfte, die unser Gesundsein gewährleisten, solange sie nicht gestört werden. Letzteres kann durch Dinge geschehen, die von außen her auf den Körper einwirken, aber ebenso und weit mehr durch Kräfte, die innerlich wirken, vor allem durch unsere Gedanken und Stimmungen.

Man weiß heute, daß bestimmte Denk- und Stimmungsgewohnheiten die Ursache bestimmter körperlicher Schwächen, Unpäßlichkeiten und Krankheiten bilden. Wie William *James* sagt, hat „jeder geistige Zustand einen bestimmten körperlichen Vorgang zur Folge". Hier gilt die Regel, daß alle positiven, hoffnungsvollen, mutigen, freudigen, wohlwollenden, also *bejahenden* Gedanken auf den Körper funktionsfördernd und wohltuend, gesunderhaltend und heilsam wirken, alle negativen, furchtsamen, sorgen- und kummervollen, ablehnenden, übelwollenden, also *negativen* Gedanken hingegen auf die körperlichen Vorgänge hemmend, störend und schädigend einwirken.

Solcherart wirkt der Geist unablässig auf den Körper zum Guten oder Schlimmen ein. Wie auf die seelischen, so wirken negative Empfindungen auch auf die körperlichen Spann- und Lebenskräfte lähmend. Und wenn auch die Einzelwirkung nicht jedesmal festgestellt werden kann, so ist doch die Gesamtwirkung deutlich·als Störung der Nahrungsaufnahme, der Blutbildung, der Funktionen der Nerven, Drüsen und Organe und der Regenerationsprozesse und am Ende als Erschöpfung und Krankheit erkennbar.

Man weiß heute, daß jede negative Gedankenregung, Ablehnung, Eifersucht, Unwille, Haß, Zorn und Übellaune Giftstoffe im Blut und Zellgewebe hervorbringen, während positive, von Freude und Glücksempfindungen begleitete Gedankenregungen lebenfördernde chemische Stoffe erzeugen, die den ganzen Organismus in erhöhte Aktivität versetzen und alle Lebenskräfte schneller strömen lassen.

Wir handeln darum nur klug, wenn wir diese Zusammenhänge beachten und für eine vorwiegend positive gedankliche Verfassung sorgen. Denn unsere gedankliche Haltung wirkt über das Unterbewußtsein auf alle Zellen und Organe des Körpers funktionsändernd dergestalt, daß wir schließlich körperlich zu dem werden, was wir geistig leben. *Emerson* gab der hier wirkenden Gesetzmäßigkeit Ausdruck mit den Worten: „Das, worauf der Geist sich richtet, was ihm am intensivsten vorschwebt, das verwirklicht er; immer wiederholte Gedanken müssen schließlich in der Welt des Sichtbaren und Körperlichen Gestalt und Form annehmen." Daher rührt es, daß einer, dessen Gedanken und Reden sich ständig um seine kleinen Unpäßlichkeiten oder Krankheitsanzeichen drehen, nicht gesund, sondern immer anfälliger und hinfälliger wird.

Lebt man hingegen in dem Glauben, gesund, stark und leistungsfähig zu sein, dann setzt man allerfeinste dynamische Kräfte in Bewegung, durch die der bejahte Zustand im Körper Wirklichkeit wird.

Befindet sich der Körper aber einmal in einem anfälligen oder kranken Zustand, dann gilt es, um so bewußter durch bejahende Gedanken die heilende Innenkraft zum Wirken zu bringen, die dann dazu führt, daß der normale Zustand der Gesundheit wiederhergestellt wird.

Der Gedanke wird so zu einer „stillen Heilkraft" von erstaunlicher Wirkung. Das haben unzählige an sich selbst erfahren, und immer mehr Menschen lernen, die geistige Heilkraft in ihnen recht zu betätigen. So heilen sie sich selbst von den verschiedensten Leiden, wandeln Schwäche und Ohnmacht in Kraft und Leistungsfähigkeit und hüten sich fernerhin, negativen Gedanken und Empfindungen in sich Raum zu geben.

Und noch eine grundlegende Erkenntnis geht ihnen dabei auf:

Krankheiten und Leiden konnten nur deshalb in Leib und Leben einziehen, weil der Mensch sich vom inneren Leben des Geistes ab- und gänzlich nach außen wandte, weil er seine Augen dem inneren Licht, seine Ohren der inneren Stimme verschlossen hat, so daß es mit Recht von ihm heißt: „Er hat Augen zu sehen, und sieht nicht; er hat Ohren zu hören, und hört nicht."

In dem Maße hingegen, in dem wir unsere Einheit mit dem Geist des Lebens erkennen und dadurch unsere schlummernden inneren Kräfte und Möglichkeiten wirksam machen, vermögen wir Krankheit in Wohlsein, Dissonanz in Harmonie, Leid und Schmerz in Gesundheit und Kraft zu verwandeln.

Und im gleichen Maße, wie wir diese Ganzheit, diese überströmende Gesundheit und Kraft in uns verwirklichen, wird sie von uns auf alle übertragen, die mit uns in Berührung kommen; denn wir dürfen nicht vergessen, *daß Gesundheit ebenso ansteckend ist wie Krankheit.*

Hier höre ich fragen: „Willst Du wirklich behaupten, daß durch Änderung des Denkens, durch die Wirkung der inneren Kraft ein kranker Körper in einen gesunden verwandelt werden kann?"
Allerdings, antworte ich, und füge hinzu, daß dies sogar die *natürliche* Methode ist, den Körper zu heilen. Die Methode, ihn mit Medikamenten und anderen außerhalb des Körpers liegenden Stoffen zu behandeln, ist die *künstliche.*
Was Medikamente zuwege bringen, ist, daß sie Hindernisse aus dem Wege räumen, damit die Lebenskraft ihre Arbeit im Körper leichter vollbringen kann. Der wirkliche Heilungsprozeß aber muß von innen her, durch die Lebenskraft, bewirkt werden.
Die Gesundheit des Körpers hängt also letztlich davon ab, mit was wir uns in Verbindung setzen. Der unendliche Geist und Quell allen Lebens, der auch *in uns* wohnt, kennt seinem Wesen nach weder Schwäche noch Krankheit.
Wenn das *richtig* ist, und es *ist* richtig, dann kann sich auch in uns und in unserem Körper, wenn er ungehemmt vom Geist des Lebens durchströmt wird, keine Krankheit mehr halten.
Eine Bejahung, die manchem zur Gesundung verhelfen kann, ist die folgende: mit friedevollem Geist, mit einem Herzen voll Liebe zu allen Wesen gehe in die Stille Deines Innern und halte den Gedanken fest:
„Ich bin eins mit dem unendlichen Geist des Lebens. Er ist meines Lebens Leben! Ich bin Geist und kann darum meiner

wahren Natur nach nicht krank sein. Ich öffne meinen Körper völlig dem einfließenden Strom des unendlichen Lebens! Jetzt, in diesem Augenblick, strömt es herein, durchflutet meinen Körper und läßt ihn von innen her gesunden!"

Bejahe diesen Gedanken so lebhaft und inbrünstig, daß Du spürst, wie die Lebenskräfte Deinem Körper eine fühlbare Wärme mitteilen. Wer in dieser Haltung des Geistes verharrt und es dadurch der Kraft in ihm ermöglicht, andauernd zu wirken, der wird überrascht sein, wie schnell der Körper aus dem Zustand träger Schwäche, Krankheit und Disharmonie in den lebensprühender Gesundheit und Harmonie übergeht.

In dem Augenblick, in dem wir unsere Einheit mit dem Geist des Lebens erkennen, erfassen wir uns selbst als geistiges Wesen. Wir begehen dann nicht mehr den Fehler, uns als einen *Körper* anzusehen, der allerlei Schwächen und Krankheiten unterworfen ist, vielmehr erkennen und bejahen wir dann, daß wir *Geist* sind. Sobald uns das gewiß ist und wir unsere Macht über den Körper erkennen, hören wir auf, diesem die Herrschaft über den Geist einzuräumen. Wir sind dann Herr unseres Körpers und unserer Gesundheit.

Mut und Erfolg

Wenn wir das werden, was wir denken, dann liegt es bei uns, ob wir als mutige Lebensmeister oder als furchtsame und erfolglose Schwächlinge durchs Leben schreiten.

Sobald ein Mensch die Tatsache erfaßt hat, daß es nur an ihm selber liegt, ob er in den Niederungen oder auf den Höhen des Lebens lebt, ob er schwach oder stark, Amboß oder Hammer ist, wird er emporsteigen und vorwärtskommen und dabei keine Schranken finden als die, die er sich selber setzt.

Ein Mensch von unerschütterlichem Glauben und mutigem Selbstvertrauen ist Herr seines Schicksals und setzt sich überall durch. Aus dieser Einsicht ergibt sich eine Reihe wichtiger Lebensregeln. Hier sind einige davon:

Wenn offenkundiges Mißgeschick Dich trifft, laß Dich nicht niederdrücken, sondern gewinne der Sache die beste Seite ab und vertraue dem Schicksal und der Kraft in Dir, daß bald bessere und förderliche Umstände eintreten.

Solange einer sich dem Gedanken hingibt, daß er ein Pechvogel sei, wird er unbeholfen, hilflos und arm bleiben. Wenn er aber – seine Lage sei, wie sie wolle – sich mit dem Kraftgedanken erfüllt, daß es seine Bestimmung sei, ständig vorwärtszuschreiten und sich höherzuentwickeln, setzt er Kräfte in Bewegung, die ihn früher oder später sichtbar vorwärts bringen.

Wer seiner selbst gewiß ist und ein hohes Ziel vor Augen hat, vergeudet keine Zeit damit, etwas zu fürchten, vielmehr ist er beständig an der Arbeit, seine Ideale zu verwirklichen, und er setzt zu diesem Zweck alle positiven Gedankenkräfte in Bewegung, damit sie für ihn wirken.

„Es ist meine Natur, daß ich mich sorge", sagt mancher und fügt hinzu: „Ich kann's eben nicht lassen."

Darauf kann man nur antworten: Gewiß, solange Du beständig *denkst,* Du kannst nicht anders, wird es so werden, sein und bleiben, daß Du nicht anders kannst. Aber versuche doch einmal das Gegenteil: bejahe Dein *Können* und entschließe Dich, es auch zu wollen, und halte diesen Gedanken des Könnens fest – dann ist es nur eine Frage der

Zeit, bis auch Du zu denen gehörst, die das Fürchten nicht kennen und sich alles zutrauen.

Wir bekümmern uns alle viel zu viel um Dinge, die uns gar nicht belasten und hemmen würden, wenn wir nur das Wesentliche im Auge haben und das Nebensächliche sich selbst überlassen. Denn eben das dauernde Hinblicken auf Unwesentliches ist es, das wir „Sorge" oder „Furcht" nennen – ein krankhaftes sich Bekümmern um hundert Dinge, die wir ruhig auf sich beruhen lassen können, weil sie ganz von selbst wieder verschwinden. Wir tun gut, hier den Rat des Dichters zu befolgen:

„Zwei Dinge gibt es, die uns in diesem Leben Glück verbürgen: Das erste ist, daß wir uns keine Sorgen machen um Dinge, die wir nicht ändern können; das zweite, daß wir uns nicht sorgen um das, was wir ändern können."

Wenn die Furcht tief genug wurzelt und immer gefühlsbetonter wird, bewirkt sie schließlich, daß das Gefürchtete förmlich herbeigezogen wird, ebenso wie wir bei entgegengesetzter bejahender Haltung des Geistes und unentwegter Zuversicht das Gewünschte anziehen. Die Wirkung der Gedanken und Stimmungen ist unendlich fein, aber dauernd und mächtig, und eben hier liegt die Ursache für das meiste, das uns im Leben begegnet.

Nichts ist so erfrischend und erfreulich wie ein Mensch mit einem Herzen voller Sonnenschein und Frohsinn und mit teilnehmender Aufgeschlossenheit für alles, was das Leben an Schönem bietet. Im Grunde kann *jeder* so leben; denn wir können unseren Geist ebenso leicht mit tausend Keimen der Freude und des Glücks erfüllen wie mit den Giftkeimen der Furcht, Sorge und Unzufriedenheit.

Verschwenden wir darum keinen Augenblick mit Schwarzsehen und Klagen, sondern benützen wir die Zeit, um das zu bejahen, zu erwarten und durch die Tat herbeizuführen, was wir erstreben. Erfüllen wir uns hundertmal am Tage bewußt mit Kraftgedanken des Gedeihens und Wohlergehens; sehen wir uns im Geiste in glücklichen Verhältnissen; halten wir die Vorstellung in unserem Bewußtsein fest, daß die günstigen Umstände auf dem Wege zu uns sind und bald eintreten; bejahen wir sie ruhig, still, fest und vertrauensvoll.

Glauben wir unerschütterlich an die Verwirklichung, erwarten wir sie als selbstverständlich, dann machen wir uns zu einem Magneten, der das anzieht, was wir ersehnen.

Wenn einer mit seinem Fortkommen, seiner Stellung, seiner Umgebung oder bestimmten Umständen nicht zufrieden ist und Besseres wünscht, braucht er nur beständig seine Gedankenkräfte in der Richtung der Verwirklichung dieser Wünsche auszusenden und diese Bejahung durch die sichere Erwartung, daß sie in Erfüllung geht, zu unterstützen – früher oder später wird er dann diese Erfüllung erleben, und zwar geht das alles in vollem Einklang mit den Gesetzen der Natur und des Lebens vor sich.

Erfolg im Leben haben stets die Männer und Frauen, die einen starken Glauben an das Leben besitzen, die das Schicksal lieben, einerlei, was es auch bringt. Sie wissen, daß sie letztlich ihr Schicksal selbst bestimmen durch die Gedanken, die sie in sich stark und vorherrschend werden lassen.

Im Grunde befinden wir uns alle auf dem Wege, der von noch unvollkommenen zu fortschreitend vollkommeneren Zuständen führt. Einst werden wir alle unsere Ziele erreichen, sei es in diesem Leben oder einem anderen. Je besser wir das Leben verstehen, desto sicherer werden wir zur Verwirklichung des höchsten Lebens gelangen, das uns zugänglich ist. Wir brauchen nur die rechte Richtung einzuschlagen und dann einfach vorwärts zu gehen. Das ist das Geheimnis allen Erfolges.

Jugendliche Lebenskraft

Wenn, wie wir sahen, die Gedanken Einfluß auf den Körperzustand haben, leuchtet ein, daß sie auch das *Altern* des Körpers beschleunigen oder hintanhalten können.

Bekanntlich gibt es manche, die mit 60 Jahren so alt aussehen und sind wie andere mit 80. Andererseits gibt es viele Beispiele von Männern und Frauen, die Dinge vollbrachten, ja sogar erst angefangen und zur Vollendung geführt haben in einem Alter, wo andere, „gebeugt von der Last der Jahre", längst nicht mehr daran denken, eine größere Arbeit in Angriff zu nehmen und zu vollbringen.

Kürzlich besuchte ich einen alten Freund, den ich seit einem Jahrzehnt nicht mehr gesehen hatte. Bei der Unterhaltung stellte sich heraus, daß er weit über achtzig war. An seinem Gang, seiner Stimme, seiner regen geistigen Haltung war das nicht zu erkennen. Dieser Mann nahm das Leben schon früh als Philosoph. Er erkannte: In deiner Brust sind deines Schicksals Sterne. Er liebte seine Arbeit, bejahte das Leben und war immer zufrieden. Im übrigen half ihm sein Glaube, der ihm im Lauf der Jahrzehnte zur unumstößlichen Gewißheit wurde, daß hinter allem, was geschieht, der Geist des Lebens waltet, der auch in uns und durch uns wirkt. Je inniger man sich diesem Geist der Liebe verbunden weiß, desto größere Ruhe und Zuversicht erfüllt das Herz; und dann ist Älterwerden gleichbedeutend mit ständiger Veredelung und Verwesentlichung des Lebens.

Sein Beispiel zeigt, daß man sich nicht darum sorgen soll, wie lange man lebt und wie man jung bleibt, sondern daß man vielmehr unbesorgt und im Vertrauen auf den Geist des Lebens jederzeit seine Kräfte und Fähigkeiten ebenso gelassen wie zielstrebig betätigen sollte, um auf diese Weise bis ins hohe Alter Kraft und Frische zu bewahren und einem sonnen- und seelenlosen Dahinvegetieren vorzubeugen.

Stellen wir uns hingegen auf irgendeinen Zeitpunkt des „Altwerdens" ein, etwa auf das sogenannte „Pensionsalter", und warten wir förmlich darauf, daß die entsprechenden Anzeichen des Alterns sich einstellen, fühlen und tun wir, als ob es schon anfange, lassen wir uns mehr und mehr von diesem Falschgedanken beherrschen und treiben, dann liefern wir dem Unbewußten das Muster, nach dem es unfehlbar die entsprechenden körperlichen Bedingungen und Zustände schafft. Und dann erleben wir bald, wie die „altbekannten Alterserscheinungen" heranschleichen und wie unser Körper nach und nach ihrem Einfluß erliegt ...

Bleiben wir aber geistig beweglich, jung und aktiv im Denken und Fühlen, immer für neue Gedanken und Dinge aufgeschlossen, dann bleiben wir auch körperlich jung.

Unser Leben sollte, solange wir darin stehen, ständige Höherentwicklung und steten Fortschritt bedeuten und uns darum beglücken. Das ist sein Zweck. Gedanken und Haltungen hingegen, die auf das Altern gerichtet sind, führen zum Gegenteil, zum Stillstand und zur Abnahme der Kräfte. Wer die ewige Jugend seines inneren Wesens bejaht, der achtet nicht auf die Jahre, sondern schöpft aus jedem neuen Jahr das Maß an Lebens- und Tatkraft, das ihm im Verein mit der wachsenden Erfahrung zunehmenden inneren und äußeren Gewinn an Weisheit, Glück und Lebensfreude sichert.

Nur die Materie ist der Zeit und dem Vergehen unterworfen, das Geistige und Seelische ist das Bleibende und Ewige. Das Materielle kann uns weder dauerndes Glück noch wahre Befriedigung bringen. Die liegen tiefer. Die Zeit, die wir darauf verwenden, den Augenblick festzuhalten und ängstlich materielle Güter über das nötige und vernünftige Maß hinaus anzuhäufen, rauben wir dem Leben und der Erfüllung unserer wirklichen geistigen Bedürfnisse, die allein wahre Befriedigung gewähren.

Verwirklichung unserer Ideale

Wer sich nicht von Furchtgedanken, „üblen Vorzeichen" und dergleichen negativen Einflüssen beherrschen läßt, der kennt gewöhnlich auch keine mutlosen Stimmungen. Was er als Ideal vor Augen hat und bejaht, wird durch seine starken, positiven und daher schöpferischen Gedanken ständig der Wirklichkeit nähergebracht und endlich zu sichtbarer Realität.

Man spricht zuweilen geringschätzig von Ideen und Idealen. Aber diese Welt wäre ein trauriger Aufenthalt, wenn es keine Ideen und Ideale gäbe. Und war nicht jedes Ding, das Menschenhände schufen, jedes kleinste Gerät, das ein kluger Geist erfand, zuerst nur eine *Idee*? Jeder Bau, der jemals entstanden ist, nahm zuerst im Reich der Ideen Gestalt an, und jedes Unternehmen, welcher Art es auch sei, hat seinen Ursprung in diesem Reich, bevor es sichtbar, körperlich in Erscheinung trat.

Es ist also gut, daß wir Ideen und Ideale haben. *Es ist gut und nützlich, Luftschlösser zu bauen, wenn wir ihnen nur beharrlich nachgehen, ihnen einen festen Unterbau geben und sie schrittweise realisieren.* Auf diesem Wege der Ideenverwirklichung kann jedes Ziel erreicht werden, das man sich vornimmt. Man muß es nur beständig bejahen und ihm unentwegt nachstreben, was auch komme und wie schwer der Weg auch scheinen möge.

Wer beharrlich seinen höchsten Idealen und Zielen nachgeht, wie sie Tag um Tag und Jahr um Jahr vor seinen Augen stehen, dem wird es gehen wie Dante: er folgte seiner Geliebten durch alle Welten und Unterwelten und fand sie endlich am Tor des Paradieses. Am gleichen Tor werden wir uns finden.

Unser Leben ist nicht dazu da, daß wir es in vergänglichen und unzulänglichen Vergnügungen vergeuden, sondern dazu, alles zu entfalten, was in uns angelegt ist, den edelsten Charakter zu erwerben, zu höchster Selbstverwirklichung zu gelangen und der Menschheit den größten Dienst zu leisten, zu dem wir imstande sind. Gerade darin finden wir dann das höchste Vergnügen oder besser gesagt: das größte und einzig wirkliche Glück.

Die Frage lautet also nicht: Was bietet mir das Leben? sondern: Wie mache ich das Beste aus dem, was das Leben mir bietet?

Wir sind leicht geneigt, gerade *unsere* Zustände, Nöte und Sorgen, unsere Kämpfe für schwerer zu halten als das, was andere zu tragen oder zu meistern haben. Wir vergessen aber, daß jeder seine besonderen Gaben und Aufgaben hat. Da wir aber nur unsere eigenen Schmerzen fühlen und nicht die der anderen, bilden wir uns leicht ein, daß jene weniger zu tragen und zu leisten hätten. Tatsächlich hat aber jeder seine besonderen Aufgaben zu erfüllen, und dabei muß und kann jeder so stark werden und so viele Kräfte und Fähigkeiten aus sich entfalten – Fähigkeiten, die nur *er* in dieser

Form besitzt — daß er seine Lebensaufgabe erfolgreich zu lösen, sein Schicksal zu meistern vermag.

Dabei können wir einander im übrigen viel helfen durch Rat, Ermutigung und Aufklärung über die Gesetze und Kräfte, die es uns leichter machen, zur Sinnerfüllung unseres Lebens zu gelangen. Das *Tun* freilich muß jeder für sich vollbringen.

Doch auch das wird leicht, wenn wir uns auf die Wahrheit besinnen, daß unser Leben ein Teil des göttlichen Seins und vom unendlichen göttlichen Leben nicht zu trennen ist. Erkennen und bejahen wir, daß wir in Gott leben, weben und sind, und Gott in uns, dann gelangen wir allmählich zur Erfahrung unserer *Einheit mit dem unendlichen Leben* und zur Selbstverwirklichung. Und dann vermögen wir die Kräfte des inneren Lebens richtig einzuschätzen und einzusetzen.

Alsdann beglückt uns die Gewißheit, daß unser Leben wie alles Leben um uns und im All ein stufenweises Fortschreiten ist von unten nach oben, stete Höherentwicklung und ewiges Wachstum.

Es gibt eine Kraft, die weit über das hinausgeht, was körperliche und intellektuelle Kräfte vermögen – eine Kraft, die im Leben des Menschen offenbar und wirksam wird, sowie sein Gottbewußtsein erwacht und sein ganzes Wesen durchdringt. Für jeden Menschen leuchtet ein Licht im Dunkel der Zeitlichkeit, für jeden ertönt eine innere Stimme, die um so vernehmlicher spricht, je mehr er sich gewöhnt, ihr in der Stille zu lauschen. „Daß das göttliche Wesen wirklich in uns lebt", sagt Fichte, „ist die tiefste Erkenntnis, die dem Menschen werden kann."

Wohl denen, die Welt und Leben als Ausdruck des göttlichen Geistes erkennen und bewußt aus dem Geiste leben! Denn solche Menschen des geistigen Lebens, die allezeit der inneren Führung folgen und den göttlichen Plan erkennen, sind es, die alle Bedingungen des Lebens gerechter, schöner und glückreicher machen.

SONNE IM ALLTAG

*Der erste Schritt zum Glück ist der Entschluß, glücklich sein
zu wollen!* Mit diesem Entschluß jeden Morgen aufstehen,
ihn immer von neuem lebendig werden zu lassen, wenn
trübe Gedanken auftauchen wollen, heißt allem gewachsen
sein, was der Tag bringt, heißt die äußeren Umstände von
innen her beherrschen, statt sich zu ihrem Sklaven zu er-
niedrigen.

Wer seinen Geist froh hält und an allen Dingen die Sonnen-
seite, das Gute sieht, wer sich nie geistig unterkriegen läßt,
sondern immer den Kopf oben und Mut im Herzen behält,
der setzt jene feinen stillen Kräfte in Bewegung, die ihm
jeden Schritt im Leben leichter machen.

Das Leben ist nicht halb so verwickelt und schwierig, wie es
aussieht, wenn wir es nur nicht selbst verwickelt und schwer
machen. Wir brauchen Vertrauen und Tapferkeit, müssen
oft, auch wenn die Umstände nicht danach sind, heroisch
die Mundwinkel lächelnd aufwärts ziehen, statt sie trüb-
selig herabhängen zu lassen. Gerade von der Art, wie wir
die täglichen Aufgaben des Lebens ansehen und anfassen,
hängt der Erfolg ab.

Je besser wir das Leben verstehen, desto mehr sehen wir

ein: *Glücklichsein ist Pflicht,* es ist die Begleiterscheinung dazu, daß unser Leben im Einklang steht mit den Gesetzen unseres Wesens. Das Glücksgefühl ist die natürliche Folge des *Gutseins;* denn Gutsein heißt letztlich nichts anderes als leben im Einklang mit unserem innersten Wesen und Sein.

Glücklichsein macht den Menschen zu einer Wohltat auch für andere, Frohsinn weckt Freude. Glücklichsein ruft auch in anderen Glücksgefühle hervor. Wir wirken mit solcher Stimmung positiv auf andere ein, und etwas von den dadurch geweckten Kräften strömt wiederum zu uns zurück. Mit diesem Glücklichsein können wir jederzeit beginnen. Denn jeder Tag ist ein neuer Anfang; wir fangen mit ihm das Leben neu an, wenn wir wollen. Recht gesehen, gibt es weder Vergangenheit noch Zukunft; denn was wir erleben und einzig erfahren können, ist immer nur die *Gegenwart.* Darum handelt der weise, der heute den heutigen Tag lebt und sonnigen Herzens das Beste aus ihm macht, und morgen erst, wenn das Morgen da ist.

Das Gestern hat nur Wert, soweit wir etwas von ihm gelernt haben. Sind wir gestern gestrauchelt? Nun, das tut jeder, aber der Weise läßt sich dadurch keinen Augenblick entmutigen. Wenn er daraus gelernt hat, war sein Fall ein Teil seiner Vorwärtsbewegung, wie ja jeder Schritt nach vorn zuerst ein Fallen ist.

Gleich verkehrt ist es, sich um das Morgen zu sorgen. Denn das Morgen wird im wesentlichen durch das Heute bestimmt, wie das Heute durch das Gestern. Die Gestaltung und Bestimmung unserer Zukunft findet *heute* statt, *jetzt,* in diesem Augenblick!

Erfüllen wir darum *jetzt* unser Herz mit dem frohen Gefühl des Einsseins mit der Kraft Gottes in uns, mit deren

Hilfe alle Dinge möglich sind; und tun wir *heute* das, was Hirn, Herz und Hand zu tun finden!

Der Einzelne und die Gemeinschaft

Und blicken wir bei all unserem Denken und Wirken nicht nur auf uns, sondern auch auf die Wesen um uns und auf unsere Aufgabe, auch ihre Freude und ihr Glück mehren zu helfen!

Manchmal höre ich jemanden über seinen Nächsten sagen: „Ich sehe nichts Gutes an ihm."

Wirklich nicht? möchte ich dazu sagen. Dann bist Du kein Seher. Blicke tiefer – und Du wirst Gott in ihm wie in jeder Menschenseele erkennen – Gott, den Geist des Lebens und der Liebe.

In Wahrheit ist die *Liebe* die treibende Kraft in der Welt, und wo immer sie Güte, teilnehmende Fürsorge und Rücksicht ausstrahlt und unser Gemeinschaftsgefühl stärkt, wird unsere Vorstellung vom Leben und vom Sinn des Lebens reiner, edler und heiliger, und unser Leben nähert sich dem, was es sein sollte und sein wird.

Gott ist der Geist unendlicher Liebe; und sobald wir unsere Einheit mit ihm erkennen, werden wir derart mit Liebe erfüllt, daß wir in allen nur noch das Gute sehen. Und wenn wir innewerden, daß wir *alle* mit diesem unendlichen Geiste *eins* sind, dann verstehen wir auch, daß wir alle untereinander *eins* sind. Gelangen wir aber zur Erkenntnis dieser Wahrheit, dann können wir kein Wesen mehr verletzen, sondern werden alles, was lebt, mit gleicher Liebe umfassen.

Was wir dieser Erkenntnis zufolge brauchen, ist also mehr

Freude und Freundlichkeit, mehr Mitgefühl und Gemeinschaftsbewußtsein; dann werden wir weder tadeln noch verurteilen, sondern mitempfinden und einer des anderen Helfer sein.

Ein freundlicher Blick, ein liebevolles Wort, ein kleiner Dienst – das scheinen unbedeutende Dinge zu sein, aber wer kann sagen, welch unschätzbaren Wert sie für den haben, der sie empfängt? Es gibt nichts Größeres in Deinem Leben, das Du tun könntest, und nichts, was Dir reicheren und köstlicheren Lohn brächte.

Gesegnet die Menschen, mit denen es sich angenehm leben läßt; sie sind ein Segen für sich selbst, für ihre Umgebung und für die ganze Welt. Möchten uns recht viele geschenkt werden, die es sich zur Gewohnheit machen, glücklich zu sein, deren Gesicht immer ein frohes oder freundliches Lächeln verschönt und die in jedem Menschen das Beste wekken, das in ihm liegt.

Wenn wir einmal begriffen haben, daß die Wurzel jedes Irrtums, jeder Lieblosigkeit und jedes Verbrechens in der Selbstsucht, im Eigennutz zu finden ist und daß aller Selbstsucht nur Nichterkenntnis zugrundeliegt, wie mild werden wir dann jedes Tun beurteilen!

Kennt ihr die Geschichte von dem kleinen Mädchen, das sich keuchend abmühte, einen Knaben zu tragen, der wohl jünger, aber fast ebenso groß war wie sie selbst? Als jemand sie fragte, ob er für sie nicht zu schwer zu tragen sei, kam sofort die Antwort: „Der 's nicht schwer, der 's mein Bruder."

Ein schlichtes kleines Erlebnis, aber es enthält eine so tiefe Wahrheit, daß, wenn man darüber nachdenkt, sie genügt, um manchen Menschen, dem Konfession und Kirche nichts bedeuten, zum Tatchristen zu machen. Und noch mehr: es enthält eine so grundlegende machtvolle Wahrheit, daß, würde sie in weiten Kreisen erkannt und in alle menschlichen Beziehungen hineingetragen, man eine neue Welt darauf errichten könnte.

Denn auf Liebe und Wohlwollen, Freundschaft und Kameradschaft beruht das ganze Leben eines Volkes. Wie untrüglich fühlt man sie instinktiv an jener Echtheit und Schlichtheit in Stimme, Blick und Wesen eines Menschen, welchen Widerhall erwecken sie bei allen! Es ist wie der Duft der Blume, das Ausströmen ihrer Seele. Ja, Liebe und Wohlwollen machen das Leben des Einzelnen innerhalb der Gemeinschaft erst lebenswert und sinnvoll.

Wer das klar erkennt und entschlossen danach handelt, wird manche Wolke zerstreuen, manches dürftige arme Leben bereichern. Und wenn das jeder erkennen und danach handeln würde, zögen Ordnung und Frieden in das ganze Volk, in das Geschäfts- und Gemeindeleben ein und spendeten wachsenden Segen. Es gibt keine sozialen und wirtschaftlichen Fragen, die nicht durch Sympathie und Liebe, Gegenseitigkeit und Wohlwollen gelöst werden können.

Eben weil das Leben seinem Wesen nach *geistig* ist und eine *Einheit* darstellt, kann niemand für sich leben und dabei glücklich sein. Darum ist jedes selbstsüchtige Leben, das nur sich selbst und sein eigenes Glück sucht, unzulänglich und unglücklich. Diese Selbstsucht braucht sich nicht einmal in Taten zu äußern; schon das ichhafte *Denken* wirkt auf die Umwelt abstoßend, löst unbewußte Antipathie und Abwehr aus, wie andererseits Frohsinn und Zuneigung, Wohlwollen und Sympathie, kurz alle Gedanken, die vom Geist der Einheit und der Liebe erfüllt sind, von anderen Wesen – Menschen wie Tieren – als belebende Einflüsse verspürt werden und in ihnen gleiche Gefühle erwecken.

Wer Freunde haben möchte, muß selbst ein wahrer Freund sein, muß frohe und freundliche, wohlwollende und hilfreiche Gedanken ausstrahlen. Edle Naturen sehen das Gute an den anderen und bringen es eben dadurch zur Offenbarung. Sie wissen, daß ihr Nächster nicht nur der ist, der gerade neben ihnen steht oder wohnt, sondern daß jedes Wesen in der Welt ihr Nächster ist, weil *alle* Kinder des gleichen Vaters sind und alle das gleiche Ziel anstreben, wenn auch auf verschiedenen Wegen.

Machen wir uns klar, was das bedeutet: Es mag einer hochbegabt und ein glänzender Organisator, Kaufmann oder Erfinder sein; arbeitet er nur für sich selbst, hat er kein Auge für den göttlichen Plan, der alle umfaßt, erreicht er seine Zwecke durch selbstsüchtiges Denken und Handeln und dadurch, daß er über andere hinwegsteigt, gleichgültig gegen die Bedürfnisse und Leiden seiner Mitmenschen, ohne Gedanken an ihr Wohl – dann führen seine Wege am Ende ins Dunkel. Er erreicht vielleicht seine Ziele, aber Friede, Befriedigung und Glück bleiben ihm versagt. Er hat keinen Teil am Reiche Gottes, dem Reich der Harmonie und des Glücks.

Wie anders lebt der, der erkannt hat, daß seine Interessen und Ziele auf der gleichen Bahn liegen wie die aller anderen, so daß er für sich nichts Besonderes auf Kosten der anderen gewinnen kann, da seine Interessen und die der Gesamtheit sich decken. Statt nur an sich zu denken, denkt er gleichermaßen an die anderen und daran, wie ihnen zu helfen wäre. Er leistet seinen Teil am Bau der Welt, als Mitarbeiter Gottes. Erlöst vom Banne der Selbstsucht und von dem verkümmerten Leben, das ihre Folge war, kann sich seine geistige Natur voll entfalten und ihre reichen Kräfte betätigen. Was Wunder, daß ihm alles zum Segen gereicht!

Das Hohe Lied der Liebe

Eine der Grundregeln des Lebens besagt: *Soviel Liebe, soviel Gegenliebe; soviel Liebe, soviel Wachstum; soviel Liebe, soviel Kraft; soviel Liebe, soviel Leben, starkes, gesundes, reiches, überfließendes Leben!*

Die Welt beginnt zu erkennen, daß Liebe kein unbestimmtes sinnengebundenes Gefühl ist, sondern eine lebendige Kraft, ähnlich der Elektrizität, nur von weit höherer, feinerer und wirksamerer Art.

Wir lernten von den *Gedanken,* daß sie Kräfte sind, die lebendigsten und stärksten Werdekräfte, die es in der Welt gibt: sie haben Form, Substanz und Energie, deren Art bestimmt ist durch die Art des Lebens, in dessen Organismus die Gedanken erzeugt werden. Sie nehmen Gestalt an und wirken auf andere Geister, Dinge und Umstände ändernd ein.

Genauso ist es mit der Kraft der *Liebe:* Erwidere Haß mit Haß, und Du erniedrigst Dich selbst. Erwidere ihn mit Liebe, und Du erhebst nicht nur Dich selbst, sondern auch den, der Dich haßt, zu einem höheren Wesen. Ein persischer Weiser sagt: „Erwidere Bosheit mit Sanftmut und Verkehrtheit mit Güte. Eine sanfte Hand kann einen Elefanten an einem Haar leiten. Begegne Deinem Feind mit Wohlwollen und Güte, und Du verwandelst seinen Haß in Ohnmacht oder in Liebe."

Der Buddhist sagt: „Wenn ein Mensch so töricht ist, mir Böses anzutun, will ich ihm den Schutz meiner ungetrübten Liebe gewähren. Je mehr Böses von ihm kommt, desto mehr Gutes soll von mir ausgehen." Gleichermaßen sagt der Hindu: „Besiege Zorn mit Liebe; denn Haß kommt nicht durch Haß zur Ruhe, sondern durch Liebe."

In dem Maße, als wir lieben, werden wir Liebe empfangen. Letztlich bringt uns die Liebe, wenn sie lebendig und echt ist, den reichsten Lohn auch dadurch, daß die von ihr in anderen erzeugten Gedanken und Stimmungen ihrerseits wiederum den segensreichsten Einfluß auf uns ausüben, indem sie uns mit Frieden und Freude, Gesundheit und Lebensmut erfüllen.

Gehe hinaus und tue etwas für jemand, irgendeinen Liebesdienst, sei es ein gütiges Wort zu einem, dessen Herz schwer von Sorgen ist, oder eine freundliche Handreichung für einen, der den Mut verloren hat. Erweise Dich dem als Freund, der keinen Freund zu haben glaubt. Die Liebe, die Du gibst, kehrt tausendfältig zu Dir zurück.

Die höchste Stufe der Liebe ersteigen wir, wenn wir erkennen, daß die meisten Sünden und Irrtümer in der Welt nicht aus böser Absicht, sondern aus Nichterkenntnis und Unwissenheit entspringen. Nicht, als ob ein Mensch nicht wüßte, daß diese oder jene Taten böse seien, aber seine Unwissenheit liegt darin, daß er wähnt, er werde durch sie glücklich, daß er nicht weiß, daß eine andere Tat, eine andere Haltung ihm nicht nur ein größeres und höheres, sondern auch ein dauerndes und vollkommeneres Glück bereiten würden. Nein, gerade daß ein Bruder diesen oder jenen Fehler, diese oder jene weniger gute Eigenschaft hat, sollte uns ein Grund mehr sein, ihm größere Liebe, Hilfe und Förderung zu schenken, als die anderen brauchen, die schon weiter vorgeschritten sind.

Das Höchste, das Jesus verkündete und kurz vor seinem Tode noch einmal eindringlich wiederholte, war dieses: „Ein neu Gebot gebe ich euch, daß ihr euch untereinander liebet ... Daran wird jedermann erkennen, daß ihr meine Jünger seid, daß ihr Liebe untereinander habt." Sein ganzes

Wirken war von diesem Gedanken beseelt, den wir im Blick auf seine Auswirkung im täglichen Leben auch die *Goldene Regel* nennen: „Alles, was ihr wollt, daß euch die Leute tun, das tuet ihr ihnen zuvor."

Die Frohbotschaft Christi

Wir leben heute in einer Zeit allgemeinen Erwachens und Bewußtwerdens von Dingen, die bisher weithin unbewußt und unbemerkt geblieben waren, wie das schon häufiger in der Geschichte der Menschheit vorgekommen ist. Im Zusammenhang damit hat man entdeckt, daß Leben und Lehre Jesu etwas ganz anderes sind als das Wortchristentum, das Theologen und Schriftgelehrte uns bisher dargeboten haben. In geradem Gegensatz zu der von diesen behaupteten „Sündigkeit und Verworfenheit des Menschen" lehrte Jesus die *Gotteskindschaft und Göttlichkeit des Menschen.* Er verkündete, daß wir eins sind mit dem Geist des Lebens, dem göttlichen Sein, dem himmlischen Vater, der das Leben unseres Lebens ist und in dem wir leben, weben und sind, wie er in uns.

Das ist die Religion des Geistes, die Jesus lehrt und die uns in ein unmittelbares inniges Verhältnis zu Gott bringt, das keiner immer neuen Vermittlung bedarf. Es ist eine wirkliche, unmittelbar wirkende Religion der Erlösung, die eintritt, wenn der Geist Gottes vom Geist und Herzen des Menschen Besitz ergreift und von da aus das tägliche Leben bis in die kleinsten Tätigkeiten durchdringt und durchlichtet. Hier ist jenes Verhältnis erreicht, von dem der Apostel sagt: „Die der Geist Gottes treibt, die sind Kinder Gottes."

Um die Menschen von den toten Äußerlichkeiten einer Zeit frei zu machen, in der Theologen und Schriftgelehrte bestimmten, was Religion sei und was Gott sei und wolle, sprach Jesus das befreiende Wort: *„Gott ist Geist,* und die ihn anbeten, sollen ihn im Geiste anbeten", wie er auch vom *Reiche Gottes* sagte: „Es ist nicht hier oder dort, sondern es ist *inwendig in euch."*

Er hatte sich so ganz in Gott versenkt, daß ihm sein Einssein mit Gott volle Gewißheit und Wirklichkeit geworden war und er aus eigenem Erleben sagen konnte: „Ich und der Vater sind eins." So wurde er der Verkünder der Frohbotschaft und ewigen Wahrheit, *daß Gott in den Herzen derer wohnt, die sich ihm zuwenden und erschließen, ihm, dem Mittler und göttlichen Selbst in jedem Menschenwesen.*

Man hat uns gelehrt, *an* Jesus zu glauben, aber nicht, *ihm selbst* zu glauben. Das hat zu der großen Trennung und Kluft zwischen Christentum und Leben geführt. Es kann jemand mit aller Inbrunst *an* Jesus glauben und doch keinen Teil haben am Reiche Gottes. Aber niemand kann Jesus *glauben,* das heißt, sich ihm *geloben,* seiner Lehre folgen, ohne sofort in das Reich Gottes einzutreten und seiner Segnungen teilhaftig zu werden.

In dieser *Nachfolge Christi* gewinnen wir allmählich die Erkenntnis und die inneren Kräfte, die er denen verheißen hat, die ihm nachfolgen. In ihr finden wir die Wahrheit, die frei macht: die Erkenntnis der Gesetze des Geistes und des Lebens aus dem Geiste und im Lichte der inneren Führung.

Jesu Leben und alle seine Worte zeigen, daß er beständig aus dem Geiste lebte, der Führung des Geistes folgte. Wer seine Worte ohne Vorurteil prüft, der erkennt, daß Jesus nur lehrte, was er selbst erfahren und verwirklicht hat. Dies macht ihn ja gerade zum großen Weltenlehrer und Heilbringer, daß er die Menschen über ihr kleines eigensüchtiges *Ich* erhebt zu jener höheren Stufe ihres Wesens, zu ihrem innersten *Selbst*, durch das sie gleich ihm eins sind mit *Gott*, dem unendlichen Geist des Lebens. So zieht das Göttliche, *Christus*, in uns ein, so erwachen wir zum Gottbewußtsein und erkennen es als die uns innewohnende Quelle und den Kern unseres Lebens und Seins.

Jesu große Aufgabe und sein Ziel war, die Menschen zu lehren, daß Gottes Wille in ihnen lebendig ist und daß sie, wenn sie ihn voll erfassen und ihm folgen, das Reich Gottes gefunden haben und seiner teilhaftig sind:

„Findet diesen Kernpunkt des Lebens in euch, dann findet sich alles andere von selbst. Erkennt den göttlichen Führer in euch und folgt ihm, entfaltet euch zu dem, was ihr eurem innersten Wesen nach seid! Wie ich im Vater bin und er in mir, so seid ihr in ihm und ist er in euch; Gott ist euer Vater, wie er der meine ist. Eurer wahren Natur nach seid ihr göttlichen Wesens. Laßt den Gedanken fahren, daß ‚die menschliche Seele verderbt ist von Grund auf'. Wer das glaubt, der schmäht und verdirbt sie, und wer solches lehrt, vergiftet seine Seele wie die Seelen derer, die solche Lehren annehmen. Ich verkünde euch euer göttliches Geburtsrecht! Nehmt es an und seht, wie alle Dinge neu werden. Trachtet zuerst nach dem Reiche Gottes, das in euch ist, dann wird der Geist Gottes euch in alle Wahrheit leiten und euch ein Stab sein, auf den ihr euch allezeit stützen könnt!"

Jesus war, wie Emerson sagt, der Künder des göttlichen Funkens im Menschen: „Er erkannte und lehrte die göttliche Größe des Menschen; er war dem treu, was in mir und in Dir lebendig ist. Er sah, daß Gott sich im Menschen verkörpert und auf diese Weise alles Leben höherführt."

Das war Jesu Frohe Botschaft: *daß Gott in jedem einzelnen Menschen wesenhaft lebt.* Wenn wir seiner Botschaft glauben und ihm folgen, so bedeutet das nicht, daß wir mit einem besondern Glaubensbekenntnis zu ihm kommen müßten. Es heißt nur, daß wir unser eigenes Leben mit dem gleichen lebendigen Gewißsein erfüllen müssen, daß Gott die Quelle unseres Wesens ist und daß wir in dem gleichen Verhältnis liebenden Vertrauens mit ihm leben können, wie Jesus es einging und sein Leben lang bewahrte.

Innere Führung

Wie meisterhaft faßte Jesus seine ganze Lehre über die Seele, den Sünder und sein Verhältnis zum Vater in dem wundervollen Gleichnis vom verlorenen Sohn zusammen! Wer es recht bedenkt, der erkennt, daß Jesus keinen Anteil hatte an der alles verkehrenden Lehrmeinung, daß „der Mensch von Grund auf schlecht, niedrig und sündig und dem Verderben preisgegeben sei und nur durch eine außerhalb seiner selbst liegende Kraft erlöst werden könne".

Dieser Falschglaube steht in schärfstem Widerspruch zu der Wahrheit, die Jesus verkündete und die den Menschen die Freiheit bringen sollte: die Wahrheit, daß sie göttlichen Ursprungs sind, daß der Geist des Lebens in ihnen allezeit gegenwärtig ist und sie mit seiner uneingeschränkten Liebe umfaßt und leitet, und daß sie ihn lieben und ihm vertrauen dürfen wie ein Kind seinem Vater.

Ist es nicht unendlich befreiend und beglückend, zu wissen, daß Gott, der Geist des Lebens und der Liebe, immer *in uns* ist, daß die innere Quelle der Weisheit allezeit fließt und uns zum sichtbaren Führer werden kann?

Nicht, daß es nun keine Kämpfe und Versuchungen mehr gäbe. Die werden immer wieder kommen, solange wir auf Erden wandeln, und keinem bleiben sie erspart. Aber was tut das, wenn wir die Quelle der Kraft und des Trostes in uns wissen!

Wir können unser Inneres in ein so nahes Verhältnis, in eine solche Harmonie mit dem Geist des Lebens bringen, daß er in uns spricht, uns leitet und durch uns wirkt, wie wir aus uns selbst wirken. Es liegt in unserer Hand, unter der Führung der göttlichen Weisheit zu leben und zu handeln und uns dem immer guten Willen des Ewigen ganz anheim zu geben. Im gleichen Maße wird unser Geist zu einem Kanal, durch den der unendliche Geist der Liebe und des Lebens wirken kann und wirkt.

Um ein modernes Bild zu gebrauchen: wir schalten um und verbinden uns gleichsam unmittelbar mit dem Hauptstrom, von dem alle Kraft ausgeht, der alles Leben im Weltall spendet, trägt und erhält. So machen wir es wahr, daß wir „in ihm leben und sind", und die Folge ist, daß wir „stark werden durch seinen Geist in dem inwendigen Menschen", in unserem wahren Selbst.

Es gibt wohl keinen besseren Weg, dahin zu gelangen, als den, daß wir uns gewöhnen, jeden Tag ein Weilchen, eine halbe oder viertel Stunde, in vollkommener Ruhe allein zu sein, die Sinne zum Schweigen zu bringen und, ganz nach innen gewendet, auf die Stimme der Stille zu lauschen.

Um der göttlichen Führung bewußt zu werden, brauchen wir vor allem Ruhe. Jesu eigene Worte weisen darauf hin. Nachdem er sich gegen das öffentliche Beten mit vielen Worten gewandt hatte, sagte er: „Wenn du betest, gehe in dein Kämmerlein, schließe die Türe zu und bete zu deinem Vater im Verborgenen." Es ist wohl klar, daß mit dem Wort

„Kämmerlein" die Stille in der eigenen Seele gemeint ist, in der wir „im Verborgenen", im tiefsten Seelengrund, im Innersten unseres Selbst, mit dem Vater, dem Geist des Lebens, Zwiesprache halten.

Ich werde immer mit einem Gefühl der Freude und Bereicherung an den Besuch von *Emersons* ältestem Sohn, *Edward Emerson* aus Concord, zurückdenken. Ich fragte ihn nach seines Vaters Art zu arbeiten, worauf er mir antwortete: „Es war meines Vaters Gewohnheit, täglich in den Wald zu gehen, um zu horchen ... Er pflegte eine Stunde und länger dort zu verweilen. Dann kam er heim und schrieb in sein Tagebuch, was er vernommen und in sich aufgenommen hatte. Später, wenn es Zeit ward, ein Buch zu schreiben, zog er die Eintragungen aus jenem Büchlein, das Ergebnis von Wochen und Monaten, in der entsprechenden Reihenfolge heraus und faßte sie zu einem Lebensbuch zusammen."

Wer sich wie Emerson vom göttlichen Geist leiten läßt in dem ständigen Gebet: „Herr, was willst Du, das ich tun soll? Mein Wunsch ist, daß Dein Wille in mir und durch mich geschehe!", der lebt aus dem Geiste und ist ein Mitarbeiter Gottes. Ob sein äußeres Leben bedeutend oder unscheinbar ist, macht keinen Unterschied: er lebt seiner Berufung. Und dann kann er nicht anders, als von innen heraus glücklich zu sein.

Um dazu zu gelangen, sollten wir, wie gesagt, uns täglich für eine Weile dem Trubel des Haushalts oder Geschäfts entziehen, ja selbst die Berührung mit unseren Nächsten und Liebsten lassen, um aus der Stille und dem Alleinsein mit dem Geist des Lebens frische Kraft zu schöpfen. Dies ist auch für vielgeplagte Mütter und Hausfrauen unerläßlich, deren Arbeit ja eigentlich niemals aufhört.

Ziehe Dich zu diesem Zweck jeden Tag eine Weile in die Stille, das Schweigen zurück, wo die Störungen, die durch die Tore der Sinne eintreten, Dich nicht mehr erreichen. Dort, in der Stille des Innern, allein mit Gott, versetze Dich in eine empfängliche Haltung. Ruhig, aber mit fester Erwartung, bejahe, daß die gewünschte Erkenntnis, die Lösung Deines Problems, die Einsicht in den rechten Weg Dir aufgehe und von Deiner Seele Besitz ergreife.

Wenn das eintritt, wird es sich Deinem Geiste kundtun, und zuweilen wirst Du die Wirkung auch in Deinem Körper verspüren, etwa, wenn Besserung der Gesundheit Dein Wunsch und Ziel ist. In dem Maße, in dem Du Dich diesen Wirkungen öffnest und offenhältst, wirst Du eine ruhige, friedevolle und erleuchtende Kraft fühlen, die Leib, Seele und Geist in Harmonie miteinander bringt. Dann bist Du auf dem Gipfel des Berges und die Stimme Gottes spricht zu Dir.

Diese Zeit der Stille jeden Tag einmal innezuhalten, bringt uns immer mehr zur Beherrschung der inneren Kräfte, mit deren Hilfe wir das Leben immer gelassener und überlegener meistern. Zugleich hilft uns diese Gepflogenheit, die bewußte Vereinigung mit dem Urquell allen Lebens und aller Kraft zu finden und festzuhalten, so daß die Fülle der Kraft in uns und durch uns wirkt, solange wir uns für sie offen halten.

Nun gibt es Einzelne, die sagen, sie könnten diese ruhige halbe oder viertel Stunde einfach nicht finden, es fehle entweder am geeigneten ruhigen Platz oder an der Zeit. Aber wo ein Wille ist, ist auch ein Weg. Wer aber sagt, er könne sich das nicht leisten, der weiß nicht, was er sagt. Denn wer einmal den Wert erkannt hat, der darin liegt, und den Gewinn, der ihm von dorther zufließt, der wird sagen: Ich kann es mir nicht leisten, das zu unterlassen!

Gegen die Strömung zu rudern, ist schwer und unsicher. Mit dem Strom zu fahren und so das Wirken einer starken Naturkraft für sich zu benutzen, ist leicht und sicher. In der Stille zur bewußten und lebendigen Erkenntnis unserer Einheit mit dem Geist des Lebens und der Kraft gelangen, heißt in den Zug der göttlichen Wirkungskette hineinkommen.

Wenn wir solchermaßen in Harmonie mit dem Unendlichen gelangen, bringt uns das wiederum in Harmonie mit dem Leben und mit allem, was um uns ist und geschieht. Vor allem aber bringt es uns in Harmonie mit uns selbst, so daß Leib, Seele und Geist vollkommen übereinstimmen und eins sind. Wenn das erreicht ist, sind wir fähig, zur Sinnerfüllung unseres Lebens zu gelangen. Wir wissen dann um unseren Weg, um das, was zu geschehen hat, und darum, wie es zu tun ist.

Wir brauchen die Stille, um die Knoten in unserem Leben und Schicksal zu entwirren, um höhere und reinere Ziele für unser Leben zu finden, um unsere Verbindung mit dem Ewigen beständig zu erneuern, zu vertiefen und aufrechtzuerhalten.

Wir brauchen die Stille, um nicht im Lärm und Getriebe des Alltags die Wahrheit zu vergessen, daß der Geist des Lebens hinter allem steht, in allem wirkt und die Quelle unserer Kraft ist! Dies erkennen und aus dieser Gewißheit zu leben heißt das Reich Gottes finden. Und dieses Reich können wir nur *in uns* finden; und wir finden es für immer, wenn wir zu der Erkenntnis erwacht sind, daß wir, mit unserem innersten, wahren Selbst, mit dem göttlichen Leben eins sind, und wenn wir uns so nach innen offen halten, daß das göttliche Leben sich durch uns kundtun kann.

So kommen wir dahin, aus dem Geiste zu leben. Das Bewußtsein der Gegenwart Gottes in uns wird zu lebendiger Wirklichkeit in unserem Leben und bringt uns wachsende Weisheit, Einsicht und Kraft.

Die Menschen des Ostens nehmen sich weit mehr Zeit als wir, um in die Stille zu gehen. Manche gehen darin ebenso zu weit, wie wir im Westen es oft nach der anderen Seite tun; und die Folge ist, daß sie in ihrem äußeren Leben nicht die Dinge zu verwirklichen vermögen, von denen sie innerlich träumen. Wir im Westen hingegen verwenden so viel Zeit auf das äußere Leben, daß wir nicht genug übrig behalten, um im inneren, geistigen Leben die Ziele zu erreichen, auf die hin wir angelegt und die zu erreichen wir fähig sind.

Es gilt also für beide Seiten, das rechte Gleichgewicht zwischen östlicher und westlicher Lebensweise zu finden. Dann wird es bald mit beiden Seiten besser stehen und beide wären alsdann für das Leben besser ausgerüstet. Und dann bauen sie nicht mehr für Jahre, sondern für Jahrhunderte, nicht für die Zeit, sondern für die Ewigkeit.

Und das bedeutet, daß, wenn für den Menschen der Übergang kommt, er dann jene Güter in Fülle hat, die die Seele mitnimmt, wenn ihr sonst alles genommen wird: Leben, Selbstgewißheit und das Gewißsein des Einsseins mit dem Geist des Lebens, dem göttlichen Selbst. Er kennt dann keine Furcht, weder im Leben noch vor und in dem Augenblick, wo dieses Leben in ein anderes übergeht; denn er weiß: hinter ihm, in ihm und um ihn waltet die ewige Weisheit und Liebe; in ihr findet er seinen Mittelpunkt, von ihr kann er nicht getrennt werden.

Von einem solchen Menschen sagt *Fichte*, daß er „allem Zweifel und aller Ungewißheit enthoben ist. Er weiß in jedem Augenblick, wo er steht, was er will und wollen soll; denn ihm strömt die innerste Wurzel seines Lebens, sein Wille, ewig unmittelbar aus der Gottheit; ihr Wink ist untrüglich, und für das, was sie will, hat er einen untrüglichen Blick."

Er wartet nicht auf das ewige Leben. Denn er weiß, daß er schon jetzt darin steht. Darum sieht er, wenn seine Zeit kommt und er seine Arbeit hienieden abschließen muß, ohne Furcht und bange Erwartung dem Wechsel entgegen, der ja nur ein Übergang ist in eine andere Form des Lebens, die genau da beginnt, wo er hier aufgehört hat. So wie er sich jetzt im Reiche Gottes weiß, so wird er im Himmel sein, wenn er erwacht zu den Schönheiten jenes Lebens, das dem Übergang folgt.

Denn was auch geschieht und wo immer er weilt – er ist und bleibt ewig eins mit dem Geist des Lebens und darum ein Träger des Lebens.

DER GEIST DES LEBENS

Wir haben die große Wahrheit gefunden, daß eine lebendige Einsicht in die Tatsache der wesenhaften Einheit des menschlichen Geistes mit dem Geist des Lebens, des menschlichen Lebens mit dem göttlichen die tiefste Weisheit ist, die der Mensch auf Erden erlangen kann.

Als bloß verstandesmäßige Erkenntnis, als tote Meinung hat sie aber wenig oder gar keinen Wert, wenn wir nach den Früchten für das tägliche Leben fragen. Nur die lebendige und lebenschaffende *Verwirklichung* dieser universalen Wahrheit im Leben des Einzelnen macht sie zu einer mächtig bewegenden und umbildenden Kraft für dieses Leben.

Und nur in dieser Verwirklichung der wesenhaften Einheit seines Lebens mit dem der Gottheit kann der Mensch wahre Befriedigung und damit wahren Frieden und wahres Glück finden.

Je früher wir in diese Verwirklichung eintreten und aus dem Geiste leben, desto besser für uns; denn auf einem anderen Wege ist es nicht möglich, sie zu erlangen. Außerdem ist weder in diesem noch in einem künftigen Leben ein Zeitpunkt zu erwarten, an dem wir besser und leichter dazu kommen, als gerade *jetzt*.

Wir leben schon jetzt das *ewige Leben* so stark, wie wir es je werden leben können. Durch den Geist in uns, unser innerstes Selbst, gehören wir schon hier und jetzt der höheren geistigen Welt als Bürger an. Der einzige Himmel, der je unser sein kann und wird, ist der, den wir *in uns* tragen. Wir haben es somit in der Hand, ob wir *jetzt* oder später im „Himmel" oder in der „Hölle" leben.

Die göttliche Weisheit, Kraft und Liebe wirkt in dem Menschen und durch ihn in dem Maße, in dem er ihr Dasein bewußt in sich erkennt und sein ganzes Denken und Leben darauf einstellt. Er muß gleichsam den richtigen Anschluß an die große Kraftquelle des Lebens finden, um für immer geborgen zu sein.

Bei einer Pflanze darf der Zusammenhang zwischen ihr und dem Erdboden nicht unterbrochen werden, wenn sie weiterwachsen und sich in Schönheit entwickeln und vollenden soll. Genauso beim Menschen: Verliert er die Verbindung mit der wahren Quelle seines Lebens, so ist das Ergebnis ein unsicheres, schwächliches, hinfälliges, in jeder Hinsicht verkümmertes Dasein, das weit hinter seinen Möglichkeiten zurückbleibt.

Wer hingegen zur Erkenntnis seines wahren Selbstes und zur Selbstverwirklichung gelangt, der hat die göttliche Kraft in sich aktiviert und strahlt sie aus, wo er geht. Er ist zur Einheit mit dem Herzen des Weltalls, zum Einssein mit dem Geist des Lebens gelangt.

Ein solcher ist ein Mann der Kraft. Indem er sein Zentrum im Unendlichen gefunden hat, hat er sozusagen eine dauernde Verbindung zwischen sich und der großen Kraftquelle des Universums hergestellt und zieht von da an fortwährend von überallher Kräfte an sich. Denn mit diesem Zentrum verbunden, mit dieser Gewißheit seines Selbst und seiner Kraft, die Kraft des Ewigen ist, werden alle Gedanken, die von ihm ausgehen, zu lebendigen Wirkkräften. Und nach dem Gesetz, demzufolge Gleiches das Gleiche herbeizieht, zieht er fortwährend die Hilfe und Förderung seitens derer an sich, deren Gedanken ebenfalls zu lebendigen Bildekräften werden, und so steht er in Verbindung mit der ganzen Gedankenwelt des Universums.

Je inniger wir bei unserem Wirken mit der höchsten Macht vereint sind, desto weniger brauchen wir uns um den Erfolg zu kümmern. In der Erkenntnis dieser Wahrheit leben, bringt Frieden, vollen, reichen und bleibenden Frieden, der die ganze Gegenwart erfüllt und uns die Gewißheit gibt, daß wir stark sein werden, solange wir leben.

Einklang mit dem Ewigen

Der große deutsche Philosoph *Rudolf Eucken* geht in seiner Lebensphilosophie davon aus, daß jeder Gedanke über das Leben beim Leben selbst anfangen muß. Für ihn sind die Grundlagen der Philosophie und der Religion die gleichen. In seiner Schrift „Religion und Leben" kommt er zu dem Ergebnis:

„Die Einheit des göttlichen und des menschlichen Wesens und Lebens bildet die Grundwahrheit der Religion, und ihr tiefstes Geheimnis liegt darin, daß das Göttliche in den Bereich des Menschlichen eintritt, ohne seine Göttlichkeit einzubüßen. Wo dies erkannt wird, da beginnt ein völlig neues und unvergleichlich höheres Leben. Der Mensch wird sich seiner Menschlichkeit und zugleich des Ewigen bewußt, das in ihm wohnt und die Welt überragt. Damit aber wird die Liebe zu Gott die beherrschende Triebfeder seines Denkens und Handelns und bringt ihn in ein innerliches Verhältnis zum ganzen Bereich der Wirklichkeit.

Religion besteht nicht im bloßen Glauben an eine höchste Macht, auch nicht in der Hoffnung eines bestimmten Verhältnisses zwischen ihr und uns, sondern darin, daß wir uns mit dieser Macht innerlich als eins erkennen und dadurch in ein neues Leben eintreten.

Man könnte die Aufgabe, die die Religion stellt, etwa so ausdrücken: Erfährt der Mensch in seinem innersten Wesen den Antrieb, ein göttliches Wesen in sich zu erkennen und anzuerkennen, und, wenn ja, kann er sich mit diesem Wesen in eins setzen und sich zu dieser Höhe aufschwingen, ohne sein voriges Wesen zu verlassen? So verstanden, wird die Religion an dem *neuen Leben* erkannt und gemessen, das sie hervorbringt.

Sobald der Mensch die Offenbarung dieses göttlichen Wesens erkennt und anerkennt und durch die göttliche Kraft an dieser neuen Schöpfung teilnimmt, gewinnt sein Leben einen völlig neuen Charakter. Jetzt steht er endlich mitten im großen Strom des Lebens, von dem er auf seinen bisherigen Entwicklungsstufen kaum das Ufer erreicht und betreten hat; hier findet er sein wahres Selbst und ein neues geistiges Leben . . .

. . . Das Gefühl der Vereinsamung ist verschwunden, und er weiß, daß er nun an dem „inneren Leben" teil hat, das allen gemeinsam ist. Diese selbsttätige Schöpfung eines neuen geistigen Lebens ist das große Wunder und der einzig sichere Beweis der Religion.

Hier liegt auch das Wesen des Christentums: Es ist die Erhaltung des Lebens im schärfsten Widerspruch mit der Welt, ein siegreiches Fortschreiten zu froher Bejahung gegenüber dem Geist der Verneinung, die innere Überwindung aller

Sorgsucht durch die Schaffung des neuen Lebens; und es bewährt sich darin, daß dieses neue Leben in all der Verwirrung des Kämpfens und Leidens unaufhaltsam wächst." Lange vor Eucken sagte ein anderer großen Denker, Johann Gottlieb *Fichte,* in seiner „Anweisung zum seligen Leben": „Erheben wir uns in den Standpunkt der Religion, dann schwinden die Hüllen, die Welt vergeht und die Gottheit selbst tritt wieder in Dich ein, als Dein eigenes Leben . . . Zu allen Zeiten, in jedem Menschen ohne Ausnahme, der seine Einheit mit Gott lebendig einsieht und der wirklich und in der Tat sein ganzes individuelles Leben an das göttliche Leben in ihm hingibt, wird das ewige Wort ohne Rückhalt und Minderung, ganz auf dieselbe Weise wie in Jesus, Fleisch, ein persönliches, menschliches Dasein . . . Jesus hat diese allerhöchste und den Grund aller anderen Wahrheiten enthaltende Erkenntnis von der absoluten Einheit des Menschen mit Gott ohne Zweifel besessen.

Die Einsicht in die absolute Einheit des menschlichen Daseins mit dem göttlichen ist die tiefste Erkenntnis, die der Mensch erreichen kann. Ist jemand wirklich mit Gott vereinigt, so ist es gleichgültig, auf welchem Wege er dazu gekommen . . .

Daß das göttliche Leben und Walten wirklich in uns lebt, diese Erkenntnis ist unabtrennbar von der Religion. Wer das erkannt hat, der weiß, daß er in der Welt Gottes lebt und daß in dieser nichts sein kann, das nicht gut ist oder zum Guten hinführt."

Um noch einmal das Wesentliche mit absoluter Eindeutigkeit klarzustellen:

Gott ist Geist, der Geist des Lebens, der lenkende Wille hinter allen Vorgängen, die wir in dieser veränderlichen Welt wahrnehmen, das unendliche Leben, von dem wir und alles, was ist, nur die stoffliche Verkörperung sind. Er ist der eine unendliche Geist, der das ganze All mit sich selbst, seinem Wesen, erfüllt, so daß alles in Gott ist, weil Gott in allem ist. Alle Dinge sind Offenbarungen Gottes, und so ist auch jeder von uns ein Teil, Strahl oder Funke von diesem ewigen Gott, der von uns nicht getrennt ist.

Willst Du das reichste, höchste und beglückendste Leben führen, das hier oder in einer anderen Welt möglich ist, so laß Dich ganz durchdringen von dieser Gewißheit, daß Dein Leben und das göttliche Leben *eins* sind!

Die bewußte Verwirklichung unserer Einheit mit dem Geist des Lebens ist das, was vor allem not tut; denn wenn sie erreicht ist, folgt alles andere von selbst. Kein Leid kann uns dann treffen, keine Furcht uns ängstigen; denn wir werden und können dann nur Gutes herbeiziehen.

Jesu Frohe Botschaft war, daß Gott in jedem von uns lebt, und er bezeugte das so meisterhaft, weil er es an sich selbst in erhabenster Weise erlebt hatte und verwirklicht sah. Wenn wir ihm nachfolgen wollen, so heißt das, daß wir unser eigenes Leben mit dem gleichen starken Bewußtsein der lebendigen Gegenwart Gottes in uns führen und täglich von neuem erkennen und bejahen, daß Gott die Quelle unseres Wesens und unser innerer Helfer ist.

Lebendige Religion im Sinne Jesu bedeutet somit, daß wir in allen Dingen die göttliche Natur erkennen und davon durchdrungen sind, daß dieses göttliche Leben das Wesentliche unseres Lebens, ja unser Leben selbst ist. Im Einssein mit dem Geist des Lebens wird sein Wort unmittelbar in unserer Seele vernehmbar als die Stimme des inneren Führers und Helfers.

„Ich glaube – sagt Emerson – an die stille feine Stimme in mir, und diese Stimme ist der Christus in mir." Durch ihn ist jeder von uns allezeit eins mit der göttlichen Quelle allen Lebens.

Wenn wir dies im ganzen Umfang erfassen und mit allen Kräften dahin streben, das Leben von seinem wahren Mittelpunkt her zu leben, öffnen wir uns dem in unserem Innern verborgenen Quell der Weisheit und Kraft, und dann geht uns der unerschöpfliche Reichtum dieses Lebens mit all seinen Möglichkeiten voll und ganz auf.

Mancher mag hier denken und einwenden, ich behaupte zuviel. Aber ich behaupte nicht mehr, als Christus selbst verheißen hat, als er sagte: „Trachtet am ersten nach dem Reiche Gottes und nach seiner Gerechtigkeit, so wird euch alles übrige zufallen." Und er hat uns auch über das Wesen dieses Reiches nicht im Zweifel gelassen, sondern deutlich erklärt: „Das Reich Gottes kommt nicht mit äußerlichen Gebärden, man wird auch nicht sagen: siehe, hier oder da ist es; denn sehet: das Reich Gottes ist inwendig in euch!" *Inwendig in euch!* Das ist das innerliche, geistige Reich des Lebens, das Reich des göttlichen Selbst, das Reich Gottes, des Geistes des Lebens, das Reich völligen Einklangs mit den höchsten Gesetzen unseres Wesens.

Diese Einheit des Menschen mit Gott ist eine Wahrheit, die heute den Menschen immer klarer aufgeht und bewußt wird. Damit kommt uns aber zugleich zum Bewußtsein, daß wir nicht nur körperliche Wesen sind; denn das Körperliche ist nur der Stoff und das Mittel, das das wahre innerste Selbst, der Geist in uns, braucht, um sich dadurch zu offenbaren und zu betätigen. Wir sind vielmehr *Geist.* Dieser Geist wohnt zwar in der körperlichen Wohn- und Wirkstätte und braucht sie zum Kontakt und Verkehr mit der ihn umgebenden Körperwelt; aber er bleibt trotzdem Geist:

ja, je mehr er sich selbst, sein wahres innerstes Selbst, erkennt, desto mehr entwickelt er sich Schritt um Schritt zur höchsten Verwirklichung seines wahren Wesens; denn dieses sein wahres Selbst ist Gott selbst.

Wenn ein Mensch den Kern des Lebens gefunden, sein Leben mit dem Leben des Unendlichen verknüpft hat, setzt das ein, was wir die Erlösung nennen: er wird erlöst von der Knechtschaft der Sinne und von der Not der Nichterkenntnis und Wirklichkeitsblindheit. Er lebt nun unter der Führung des Geistes. Ein neues Leben hat sich ihm damit erschlossen: er lebt jetzt als Kind des Ewigen im Reiche Gottes. Er hat sein inneres und äußeres Leben völlig mit dem göttlichen Geist in Einklang gebracht. Er ist nun von einem neuen Geist erfüllt und arbeitet in lebendiger Gemeinschaft mit Gott.

Durch solche Menschen, Männer und Frauen, wird der göttliche Plan auf Erden ausgeführt und verwirklicht. Sie hören nicht nur Gottes Stimme, sie verkünden sie auch anderen. Sie sind die Propheten unserer Zeit, aller Zeiten. Sie wirken Gottes Willen auf Erden und finden darin ihre höchste Befriedigung und ihr Glück. Sie sehen sich schon hier und jetzt im ewigen Leben.

Wenn wir gleich ihnen das Reich Gottes in uns gefunden haben, ist unser Leben nicht länger Mühsal, sondern Lust, Freude, Entzücken und Seligkeit. Wir erkennen dann, daß Übel und Irrtum, Krankheit und Leiden, Furcht und Sorge nur zum körperlichen, stofflichen, vergänglichen Dasein gehören, während Friede und Freude, Glück und Fülle, Wachstum und Fortschritt mit dem geistigen Leben, dem göttlichen Leben in uns verbunden sind, das sich immer steigert, ständig wächst und höher führt, das unvergänglich und ewig ist.

Dann wird das größte und seligste Leben, das die Welt kennt, unser werden, denn wir leben dann in Wahrheit das Leben Christi, das höher ist als alles andere. Dann wird unser Mund überfließen von dem Lobgesang:

Selig sind wir alle, die wir eins sind mit dem unendlichen Leben! Wir sind lebendige Glieder des einen großen Ganzen, und der Geist des Lebens, der Geist unendlicher Güte und Liebe, leitet uns alle für und für! Wir haben erkannt, daß Gott nicht fern von uns ist, sondern das Leben unseres Lebens ist und so eins mit uns, daß wir wie sein anderer Sohn sagen können: „Wir und der Vater sind eins!" So ist die Liebe zu Gott kein bloßes Gefühl, sie ist vielmehr Leben und Wachstum, geistiges Erwachen und bewußte Höherentwicklung, mit einem Wort: Verwirklichung, volles, überfließendes Leben!

Religion als All-Harmonie

Religion in ihrem wahrsten Sinne ist das freudenvollste und beglückendste, das die menschliche Seele kennt, und wo wahre Religion ist, da sehen wir, daß sie Friede, Freude und Glück bringt, niemals aber Düsterheit und trübselige Weltverneinung.

Man kann die Religion nicht vom Leben trennen; sie ist vielmehr mit dem ganzen täglichen und stündlichen Denken und Tun unauflöslich verbunden. Sie ist nicht etwas, das neben dem Leben herläuft, sondern wo sie überhaupt vorhanden ist, da ist sie die leitende Wahrheit, die führende und alles durchdringende Kraft des Lebens selbst.

Das ist der Grund, warum viele die Scheinreligion der Konfessionen verlassen, die oft nur für einen Tag in der Woche und nur für eine andere Welt gilt, und sich auf die frohe Möglichkeit einer lebendigen Religion für alle Tage und für diese Welt umstellen. Sie vertauschen die alten Formen mit einer Religion, die Leben und Kraft, Freude und Fülle hier und jetzt und immer verheißt. Mit dieser Religion des lebendigen Innengottes und mit der Kraft des Geistes, die durch sie in ihren Herzen wirksam wird, gestalten sie alle Angelegenheiten ihres täglichen Lebens und zeigen so, daß ihre Religion die *Religion des Lebens* ist.

Das ist der Prüfstein der wahren Religion, ob sie fürs Leben, fürs *Alltagsleben* geeignet ist und sich in ihm bewährt. Was diese Prüfung nicht besteht, ist keine Religion. Wir brauchen eine Religion für den Alltag, für diese Welt. Alle Zeit, die wir einer anderen widmen, ist vergeudet. Das ewige Leben, das wir schon *jetzt* leben, ist nur dann recht gelebt, wenn wir Tag um Tag jede Spanne Zeit bewußt benützen, um uns und die Welt lichter und vollkommener zu machen. Wenn uns das nicht gelingt, wird uns nichts gelingen.

Eines wollen wir dabei nie vergessen: Wir sind nicht dazu geboren, Sklaven oder Bettler zu sein, sondern dazu, aus der Fülle zu leben, und das heißt: aus dem Geiste. Jeder von uns steht, ob er es anerkennt oder nicht, ob es ihm bereits bewußt ist oder nicht, in einem geistigen Verhältnis zur Quelle seines Lebens, zu Gott. Denn Gott ist der Geist des Lebens, die unendliche Kraft, die hinter allem steht und in allem wirkt und das Leben des Alls ist.

Wir müssen diesen Gott aber auch erkennen als den Quell unseres ureigenen Lebens und Seins und unserer Kraft und müssen diese Erkenntnis immer lebendiger in uns wirksam werden lassen, dann wirkt sie als die geistige Lebenskraft, die uns Frieden, Glück und Fülle verbürgt.

Damit haben wir die wirksame Alltagsreligion gefunden; denn Grundlage und Wesen aller Religion besteht in diesem Bewußtsein, daß Gott in der Seele selbst lebt und wirkt.

Das ist es, was unsere Zeit so sehnsüchtig sucht: eine Religion, die alle in uns schlummernden Kräfte und Möglichkeiten weckt und wirksam macht, die uns Mut macht, unser Leben von innen her immer vollkommener zu meistern.

Aus dem Bewußtsein dieser unserer inneren Einheit mit dem Quell allen Lebens und aller Kraft in uns gewinnen wir Gesundheit, Stärke und Wachstum auf leiblichem wie auf geistigem Gebiet und damit Glück und Wohlergehen fürs tägliche Leben für uns selbst wie für unsere Lieben.

Dieser Neubau des Lebens von innen her ist die große befreiende Wahrheit unserer Zeit. Die Wahrheit, die uns frei macht, ist die, daß Gott in uns ist, daß er unser Leben ist und unsere Kraft. Gott immer in und mit uns, immer mit uns zusammenwirkend zum Guten in dem Maße, als wir uns ihm offen halten und mit ihm zusammenwirken wollen. Überall erwachen Menschen zur Erkenntnis und Verwirklichung ihrer Einheit mit dem lebendigen Gott, beginnen in bewußtem Einklang mit dem Göttlichen und seinen Kräften zu wirken und Welt und Leben von innen her zu erneuern. Sie bestätigen damit, was Fichte in seiner „Anweisung zum seligen Leben" vom Wesen der *Religion als verwirklichte All-Harmonie* und von ihrer praktischen Auswirkung sagt: „Wahre Religion hält das Leben des von ihr Ergriffenen in dem Gebiet des Handelns, des echt moralischen Handelns, fest. Wirkliche und wahre Religiosität ist nicht lediglich betrachtend und beschauend, sondern sie ist notwendig *tätig*. Sie besteht in dem innigen Bewußtsein, daß Gott in uns lebt und tätig ist und sein Werk in uns und durch uns vollbringt. Religion ist kein bloß andächtiges Träumen, sie ist überhaupt kein für sich bestehendes Geschäft, das man abgesondert von anderen Geschäften an gewissen Tagen und Stunden betreibt, sondern sie ist der innere Geist, der all unser Denken und Handeln, das seinen Weg ununterbrochen fortsetzt, durchdringt, belebt und in sich eintaucht."

Nur in dieser lebendigen Offenbarung der wesenhaften Einheit unseres Lebens mit dem göttlichen Leben durch die Tat erlangen wir wahre Seligkeit und dauerndes Glück. Außer dem gegenwärtigen Augenblick ist weder in diesem noch in einem künftigen Leben ein Zeitpunkt zu erwarten, an dem wir besser und leichter dazu gelangen. Wenn wir diese Quelle göttlichen Lebens aber einmal in uns erschlossen haben, kann und wird sie nie mehr versiegen und gewährleistet uns für Zeit und Ewigkeit Frieden und Sicherheit, Freude und Glück. Wir wissen dann, daß uns nichts als Gutes begegnen kann. Denn im göttlichen Leben gibt es nur Gutes, und in ihm leben wir jetzt und immer.

In dieses göttliche Leben wachsen wir mit Sicherheit hinein, wenn wir uns geloben, stets das Höchste aus uns und unserem Leben zu machen und jederzeit anderen zu helfen, das Gleiche zu tun. Wohl uns, wenn wir Tag für Tag nach diesem Selbstgelöbnis handeln:

Wir wollen uns immer dem Lichte zuwenden und uns besinnen, daß wir nur dann allezeit sicher gehen und fröhlich und erfolgreich auf unserem Wege vorankommen.

Wir wollen selbständig denken, immer nach unserer eigenen Überzeugung handeln, unsere Pflicht unbekümmert um anderer Urteil nach bestem Wissen und Gewissen erfüllen und immer ein frohes, freundliches, einfaches und bescheidenes Wesen bewahren.

Wir wollen nicht über andere urteilen, sondern an unserer eigenen Vervollkommnung arbeiten. Wir wollen willig das Gute anerkennen, das in jedem Menschen und in allen Dingen verborgen liegt und seiner Entfaltung entgegenstrebt. Wir wollen, wenn wir gestrauchelt sind, sofort wieder aufstehen und uns sogleich wieder dem Lichte zuwenden und vorwärts gehen, ohne auch nur einen Augenblick mit Reue zu verlieren.

Wir wollen dem Unrecht, das uns begegnet, dadurch steuern, daß wir den anderen auf einen besseren Weg weisen und ihm so helfen, auch seinerseits das Gute auf Erden zu vermehren.

Wir wollen die Felder und die Blumen lieben, die Sterne und das weite Meer und die weiche, warme Erde, und wir wollen gern und viel mit ihnen allein sein. Aber mit noch wärmerer Liebe wollen wir die kämpfenden und müden Menschen und *alle lebenden Wesen* umfassen.

Wir wollen stets danach streben, uns unserer wesentlichen und wirklichen Einheit mit dem Göttlichen ununterbrochen bewußt zu bleiben und durch unser Denken und Tun würdig zu erweisen, und wir wollen uns, um zum Höchsten und Besten zu gelangen, für den Einstrom der göttlichen Kraft allezeit so offen halten, daß sie in uns und durch uns unser und aller Wesen Wohl wirkt! –

Wenn wir so leben, werden wir allem, was kommt, gelassen entgegensehen, immer das Gute erwarten und aus allem das Beste machen und nichts fürchten, weder das Leben noch den Tod; denn auch Tod ist Leben oder vielmehr der rasche Übergang von einer Form des Lebens zu einer anderen, das Ausziehen eines alten Kleides und das Anziehen eines neuen, ein Übergang nicht vom Hellen ins Dunkle, sondern von Licht zu Licht – ein Wiederaufnehmen des Lebens in ande-

rer Form, ein neuer Lebensabschnitt, den wir gern und froh begrüßen dürfen, wenn er zur Zeit unseres Reifseins herankommt.

Als zweites Buch
von R. W. Trine ist in unserem Verlag erschienen:

MEISTER IM LEBEN

88 Seiten, kartoniert

Vier Gespräche, die R. W. Trine mit seinem Zeitgenossen und Freund Henry Ford führte, sind Gegenstand dieses Buches. Es gibt Einblick in die Denkweise und Lebenseinstellung zweier Männer, die für ihre Generation und die nachfolgende Zeit neue Denkanstöße und Wege aufzeigten.

Trine war einer der führenden Köpfe des Transzendentismus Neu-Englands. Seine Lebensphilosophie besagt, daß der Geist das Primäre ist, daß sich Gedanken verwirklichen, daß alles aus dem Unsichtbaren ins Sichtbare hinauswächst und daß hinter allem Geschehen als steuernde Kraft ein göttlicher Wille waltet.

Henry Ford war nicht nur der erfolgreiche Erfinder, Konstrukteur, Wirtschaftspionier und Begründer der größten Automobilwerke der Welt, sondern darüber hinaus ein Philosoph der Arbeit, dem die Erneuerung des Menschen vom Geiste her am Herzen lag.

Die von Trine aufgezeichneten Gespräche befassen sich mit den Themen „Kraft von innen", „Geheimnis des Erfolgs", „Sicherung der Gesundheit" und „Sinn der Religion". Sie zeigen, daß beide nach gleichen Grundsätzen lebten und arbeiteten. So ist z. B. nicht der materielle Gewinn, sondern die schöpferische Tätigkeit, die allen zugute kommen sollte, maßgebend. Dementsprechend ist Geld, nach Trine, kein Garant für Wohlergehen.

Die hier dargestellten Lebensphilosophien machen deutlich, daß der Reichtum im Menschen selbst liegt — durch eine positive Lebenseinstellung und Selbstvertrauen. Dazu vermittelt dieses Buch viele Denkanstöße und ermutigt, das Leben neu anzupacken.

DREI EICHEN VERLAG

8000 München 60 + 6390 Engelberg/Schweiz